Causeries à l'ashram

Satsangs de Swami Paramatmananda

Tome 4

Mata Amritanandamayi Center, San Ramon
Californie, États-Unis

Causeries à l'ashram
de Swami Paramatmananda – Tome 4

Publié par
Mata Amritanandamayi Center
P.O. Box 613
San Ramon, CA 94583
États-Unis

———————————————— *Talks 4 (French)* ————————————

Première édition par le Centre MA : septembre 2016

En France :
Ferme du Plessis
28190 Pontgouin
www.ammafrance.org

En Inde :
www.amritapuri.org
inform@amritapuri.org

Préface

Depuis 1968 Swami Paramatmananda a mené en Inde une vie de renoncement. Il s'y est installé à l'âge de dix-neuf ans pour s'imprégner de l'essence spirituelle de cette grande et ancienne culture. Il eut la chance de rencontrer au fil des années de nombreux sages et de vivre en leur compagnie. C'est en 1979 qu'il rencontra Celle qui allait devenir son *guru*, Mata Amritanandamayi. Etant un des disciples les plus anciens, il lui fut demandé de rentrer aux Etats-Unis pour diriger le premier ashram occidental, le Mata Amritanandamayi Center, où il résida de 1990 à 2001.

Pour de nombreux résidents et visiteurs de ce centre, les *satsangs* de Swami Paramatmananda constituaient un des points forts des programmes qui s'y déroulaient. Ils transmettaient les expériences vécues en Inde, sa compréhension des Ecritures et sa vie sur le chemin spirituel. Il réussit à faire une synthèse entre l'Orient et l'Occident, par ailleurs pleine d'esprit et d'humour, créant ainsi un forum où des gens issus de tous les milieux pouvaient découvrir la spiritualité et approfondir leurs connaissances dans ce domaine.

Ces *satsangs* étaient au départ présentés sous forme de cassettes, en voici la transcription et la traduction. Dans la mesure du possible, le style parlé et familier a été conservé. Voici un trésor de sagesse accessible aux générations à venir.

Editeur,
M.A. Math mai 2004

Table des Matières

La conquête des ennemis intérieurs

(Cassette 20, face A)

Amma parle de la nourriture, du goût, et de leur place dans la vie spirituelle. Elle nous recommande de con-trôler ce que nous mangeons si nous souhaitons progresser spirituelle-ment. Même si, dans ce passage tiré du livre « Paroles d'Amma », elle fait référence spécifiquement aux aliments que nous portons à la bouche, nous devons considérer comme nourriture tout ce qui pénètre en nous par les organes des sens. Ce que nous entendons, voyons, sentons, goûtons et touchons est constitué des trois *gounas* ou qualités de la nature. Il y a « sattva », la *gouna* de la paix et de l'harmonie, qui nous aide à calmer le mental. Il y a « rajas », la *gouna* du mouvement et de l'activité qui rend le mental agité. Et il y a « tamas », la *gouna* de l'obscurité, de l'inertie, de l'erreur, de l'oubli qui alourdit tellement le mental qu'il devient difficile, voire impossible, de se concentrer.

Discipline concernant la nourriture

Amma parle tout particulièrement de la nourriture solide que nous portons à la bouche. La partie matérielle, visible, des aliments, produit le corps physique. Mais nous ne sommes pas réduits à ce seul corps, qui n'est que l'enveloppe la plus extérieure, pour ainsi dire, de l'être. Il existe d'autres corps plus subtils, comme

9

celui de la force de vie ou du « prana », celui du mental, celui de l'intellect et celui de la béatitude d'où provient le bonheur que nous ressentons lorsque nous faisons une expérience agréable. Au cœur de tous ces corps se trouve le sujet, le « Je », l'Atma, l'être véritable, le Soi.

Pour le moment, la plupart d'entre nous sommes complètement extériorisés. Nous nous identifions seulement au corps physique, à la couche la plus extérieure de notre personne, même si nous sommes conscients de toutes les autres enveloppes. Nous avons tous conscience du « Je » ou du Soi, mais nous le confondons avec tout le reste. Nous sommes incapables de discerner le « Je » de ses dépendances. Et voilà précisément en quoi consiste la vie spirituelle : essayer de distinguer ce qui est extérieur de ce qui est essentiel, à savoir le noyau ou le cœur de notre être, le Soi. Car nous ne sommes pas un corps qui a une âme, mais plutôt une âme qui a un corps.

Voilà ce qu'observe Amma :

> « *On dit qu'il est facile d'arrêter de boire du thé ou de cesser de fumer ; bien des gens en sont pourtant incapables. Comment celui qui ne maîtrise pas ces petites choses parviendra-t-il à contrôler le mental ? Qu'il commence par surmonter ces obstacles tout simples. Comment celui qui n'arrive pas à passer un ruisseau, pourra-t-il traverser l'océan ?* »

Amma dit ici que si nous voulons nous engager sérieusement dans la vie spirituelle, nous devons éviter le thé (et tout ce qui excite le système nerveux), et arrêter de fumer. Pourquoi ? Parce que le mental est déjà suffisamment agité comme ça. Il n'arrête pas de vagabonder ! Mener une vie spirituelle consiste à s'efforcer de concentrer et de pacifier le mental.

La paix ne s'obtient ni par le confort, ni par la richesse, ni par une situation agréable. Une paix qui dépend des circonstances extérieures ne peut être que temporaire. La véritable paix mentale, c'est l'absence de pensées. Elle ne s'obtient qu'en exerçant le mental par des pratiques spirituelles. Supposez que vous vouliez développer un muscle. Il ne grossira pas tout seul. Vous devez l'entraîner, soulever progressivement des poids de plus en plus lourds. De même, personne ne trouve la paix mentale dans son berceau. Elle est le fruit d'un long travail. Voilà pourquoi nous méditons. Voilà pourquoi nous chantons des *bhajans*. Voilà pourquoi nous participons aux *satsangs*. Nous devons fournir des efforts conscients. Si nous comprenons que la paix mentale en vaut la peine, qu'elle est le réel but de la vie, alors nous mettons tout en œuvre pour l'acquérir.

C'est ce qu'Amma suggère. Le thé, le café et tous les excitants sont nocifs parce qu'ils augmentent l'agitation du mental. Nous pouvons penser : « Qu'est-ce que ça peut bien faire ? Quand je m'assois pour méditer, je ne bois ni thé ni café. » Mais s'asseoir pour méditer n'est que le B.A. BA de la vie spirituelle, le tout début. Il faut nous asseoir deux fois par jour pour créer l'habitude de la méditation. Mais nous devons constamment nous efforcer de restreindre le vagabondage du mental. Il s'agit de le contrôler tout le temps. Voilà en quoi consistent la véritable vie spirituelle et la méditation.

Boire du thé et du café stimule le mental, également en dehors des moments de méditation, où il est alors difficile de le contrôler. Fumer encrasse le système nerveux. Naturellement, tout le monde, et pas seulement le chirurgien en chef, sait que fumer nuit à la santé. Mais ce n'est pas de cela qu'Amma s'inquiète dans ce contexte précis. Il lui arrive aussi de parler de ce qui est bon ou mauvais pour notre santé, mais en tant que Mère spirituelle sincère, elle se soucie principalement du mental et de l'esprit. Le corps est né hier et disparaîtra demain, mais le mental continuera d'exister jusqu'à ce que nous réalisions notre véritable nature, l'Atman.

Amma affirme que fumer rend le mental tamasique ou obtus : il devient difficile de se concentrer, de comprendre et de faire des efforts. Certains aliments qui sont lourds, gras ou ceux qui ne sont pas frais produisent le même effet. Dans la *Bhagavad Gita*, la nourriture est classée selon trois catégories : tamasique, sattvique, rajasique. Les aliments lourds, gras ou rassis sont tamasiques, tout comme l'habitude de fumer.

Il y a des chercheurs spirituels qui disent : « Oh, je peux arrêter de boire du thé ou du café quand je veux. » Mais ils ne le font pas. Ils pensent que c'est sans importance. Si c'est sans importance, alors pourquoi s'y adonnent-ils ? Amma nous fait remarquer que s'il est déjà difficile de renoncer à cela, que dire alors du véritable travail ? Elle veut dire que renoncer à une habitude matérielle ne fait même pas partie du véritable travail, ce n'est qu'une préparation. Ce qui est difficile, c'est de renoncer aux habitudes mentales. Le subtil est plus puissant que le grossier, et le grossier prend sa source dans le subtil. C'est un principe de la Nature. De même, le mental est bien plus puissant que nos habitudes matérielles. En fait, ces habitudes n'existent que grâce au mental. Le corps est inerte. C'est un instrument du mental. Il n'a pas de volonté propre.

Les six ennemis intérieurs

Traverser l'océan des ennemis intérieurs est bien plus difficile que franchir les petites rivières de l'habitude de boire du thé et de fumer. Quels sont ces obstacles intérieurs ? Il en existe six principaux pour un *sadhak* (chercheur spirituel), et en fait, tout le monde a ces ennemis-là. La vie spirituelle ne consiste pas à partir de chez soi, à renoncer à tout et à se faire moine. La vie spirituelle est la vie des humains. Pour tous ceux qui veulent réussir et être heureux, la spiritualité est le passage obligé. Il n'y a pas le choix. Tous les êtres finissent par le comprendre et à en venir à la spiritualité.

Les six ennemis sont : *kama*, le désir, *krodha*, la colère, *lobha*, l'avidité, *moha*, l'attachement, *mada*, l'orgueil, et *matsarya*, la jalousie. Ils persistent à se manifester et à créer beaucoup de difficultés, à nous comme aux autres. Ils vont toujours nous dévoyer et provoquer des conflits dans notre vie. Souvenons-nous donc de ces six tendances. Nous avons beaucoup de facettes, le mental a d'innombrables ramifications.

Les sages et avatars comme Sri Krishna ont analysé le mental et découvert que ces six traits de caractère étaient d'importants causeurs de troubles. On pourrait les appeler « les voyous intérieurs ». Si vous attrapez les membres de cette mafia du mental, et si vous les jetez en prison, tout ira bien. Chacun d'eux est vaste comme un océan. Vous croyez vous être débarrassé de l'un d'eux, et voilà qu'il se manifeste à nouveau. Vous pensez : « Je ne me mets jamais en colère » et puis quelqu'un se conduit envers vous de manière désagréable, et vous vous mettez en colère. Vous vous imaginez être au-delà des désirs et des tentations, et vous en devenez immédiatement la proie. Vous vous croyez particulièrement détaché, mais si quelqu'un vous quitte ou vous trahit, vous vous sentez très malheureux. Votre vie reposait sur cette relation ou cette personne. Vous ne pensez pas être avide, et puis vous vous mettez à convoiter quelque chose, au lieu d'être pleinement satisfait de ce que vous possédez.

L'histoire de Vishwamitra Maharshi

Vous connaissez peut-être l'histoire du sage Vishwamitra Maharshi qui incarne ces trois premières tendances. C'est une belle et longue histoire, mais je vais l'abréger :

Vishwamitra est roi et *kshatriya* (membre de la caste des guerriers). Il se rend un jour à l'ashram d'un *Brahmarshi*, Vasishtha Maharshi, un sage brahmane qui a atteint la réalisation de Dieu. Vasishtha offre un repas somptueux au roi, à tous ses soldats et à tous les membres de la Cour. Vishwamitra se demande : « D'où sort-il donc tous ces mets délicieux et toutes ces provisions, alors que son petit ashram est perdu au beau milieu de la jungle ? » Il interroge Vasishtha : « D'où provient toute cette nourriture ? Je ne vois personne aux alentours qui aurait pu cuisiner de telles quantités. Après tout, il n'y a qu'une demi-heure que nous sommes arrivés, et tu nous sers un festin. Ta femme est âgée et ce n'est certainement pas elle qui a pu préparer tout cela. »

Vasishtha explique : « J'ai une vache magique qui procure tout ce qu'on lui demande. Pas seulement du lait. N'importe quel produit apparaît tout prêt. Elle ressemble à un distributeur de fast-food mais elle fournit de vrais repas. » Vishwamitra veut voir cette vache. Il s'exclame : « Écoute, un *sadhou* comme toi, un sage qui a fait vœu de pauvreté et qui vit dans la forêt, n'a pas besoin d'une vache comme ça ! Par contre, à moi, elle serait très utile. Je suis roi. Au palais, je dois nourrir tous les jours des milliers de personnes, et nous avons besoin de tout un tas de provisions. Cette vache est superflue pour toi. Tu peux tout avoir mais tu n'as besoin de rien. C'est pourquoi je veux ta vache. »

Vasishtha refuse de la lui donner : « Non, je suis désolé, je ne peux pas te l'offrir parce que j'en ai besoin pour faire ma *pouja*. Elle me fournit du lait chaque jour, et j'ai besoin de lait, de yaourt et de beurre clarifié pour mon rituel quotidien. »

Vishwamitra se met alors en colère. Il s'écrie : « Non ! Moi je vais prendre ta vache de force. » Il entreprend donc de se l'approprier et une grande bagarre éclate. Entre qui ? Entre Vishwamitra et son armée d'un côté, et Vasishtha de l'autre. Le pauvre vieux Vasishtha a probablement dans les 120 ans à ce moment-là ! Mais la vache est dans son camp. Au lieu de produire de la nourriture, elle se met à matérialiser des soldats. Vishwamitra est vaincu. Il repart dans son pays et songe : « Voilà le véritable pouvoir. Dans sa pauvreté, ce brahmane possède une puissance réelle, la puissance spirituelle. À quoi cela sert-il d'être roi ? Je veux devenir *Brahmarshi* comme lui. Je vais méditer et pratiquer *tapas*. » Il se retire dans la forêt pour faire pénitence.

C'est alors qu'Indra, le roi du paradis, qui a constamment peur que quelqu'un usurpe son trône, voit Vishwamitra plongé dans l'ascèse et se demande : « Pourquoi fait-il cela ? » Comme il n'est pas un saint, Indra est incapable de lire les pensées d'autrui. Il suppose : « Ce *sadhak* veut prendre ma place. Il souhaite devenir le roi du paradis. »

Alors il envoie sur Terre une nymphe très belle nommée Menaka. C'est une demoiselle céleste. Elle se met à distraire Vishwamitra, à danser autour de lui, et il finit en quelque sorte par se marier avec elle, ou plutôt, elle devient sa petite amie. Pendant combien de temps ? Douze ans. Et pendant douze ans, il ne se rend pas compte que le temps passe. Ces douze années s'écoulent aussi vite qu'une seconde. Ils ont une fille qu'ils nomment Shakuntala.

Au bout de douze ans, Vishwamitra prend conscience de ce qui est arrivé, il s'aperçoit qu'il a oublié sa méditation et ses pratiques spirituelles. En y réfléchissant, il devine la cause de sa chute : il s'agit d'un mauvais tour que lui a joué Indra. Furieux, il se met alors à maudire Menaka et retourne à ses austérités.

Mais il est devenu mentalement très faible parce que toute l'énergie qu'il avait accumulée avant sa relation avec Menaka a été gaspillée et en plus il est très en colère et agité. Tout le mérite de ses longues années de méditation est réduit à néant. Bien malheureux, il pense : « Je suis devenu la proie du désir et de la colère. L'avidité est à l'origine de tout cela car je voulais cette vache magique. Cela ne m'arrivera plus »

Alors, il va s'installer ailleurs pour reprendre sa méditation. Indra envoie une autre dame, et Vishwamitra cède encore à la distraction, mais cette fois, il décide de ne pas se mettre en colère et il ne va pas jusqu'à la maudire. La colère est son grand problème, malgré sa pratique de méditation soutenue. (Il reste debout sur un orteil pendant cinquante ans. Il respire une fois par an pour se nourrir. Il ne dort jamais, ni la nuit, ni le jour. Il reste dehors sous le soleil ou sous la pluie.) En dépit de tous ses efforts, il n'arrive pas à contrôler sa colère.

Enfin, exaspéré et aveuglé par la jalousie, il décide d'en finir avec Vasishtha : « Si c'est la seule solution pour le vaincre et prendre sa place, cela vaut la peine de le tuer. » Son mental a perdu toute clarté.

Une nuit de pleine lune, il se rend à l'ashram et se cache derrière une hutte. Vasishtha est justement en train de donner un *satsang*. Il dit aux *brahmacharinis* et aux *brahmacharis* : « Regardez la lune dans le ciel, elle est magnifique. Voyez comme elle éclaire, comme elle rend tout le monde paisible, heureux, et comme elle nous rafraîchit de la chaleur de la journée. Sachez qu'il y a un grand mahatma, appelé Vishwamitra, qui pratique des austérités dans la forêt, et qui comme la lune, répand la paix dans le monde. »

Quand Vishwamitra entend cela, toute sa colère s'évanouit. Au cœur de son être, il devient semblable à un enfant innocent. Il se repent de toutes les mauvaises actions qu'il a commises et de toutes ses mauvaises pensées. Il tombe aux pieds de Vasishtha en pleurant. Vasishtha lui commande : « Relève-toi *Brahmarshi*, debout ! Pourquoi restes-tu par terre ? Tu es un *Brahmarshi* à présent, non pas grâce à tes austérités, mais parce que ton cœur est pur comme celui d'un enfant. »

Finalement, c'est là le seul moyen de rendre le mental complètement pur. Pour nous débarrasser de ces *vasanas* profondément enracinées, des mauvaises habitudes qui apparemment reviennent sans cesse, nous devons accomplir des pratiques spirituelles. Mais au bout du compte, la pureté complète dépend de la grâce d'un mahatma, et comme cette histoire le montre, Vishwamitra a bénéficié de celle de Vasishtha.

La grâce est indispensable pour conquérir les ennemis intérieurs

Peut-être avons-nous l'impression qu'il est impossible de contrôler nos *vasanas*, mais je connais personnellement une histoire qui prouve que nous pouvons vaincre nos mauvaises habitudes. C'est l'histoire d'un homme qui vit maintenant à l'ashram en Inde depuis plusieurs années. Mais avant de devenir *brahmachari*, c'était un scientifique. Il buvait trente tasses de café par jour et mâchait de grandes quantités de feuilles de bétel (une autre sorte de toxicomanie). Tout son salaire, à part l'argent du loyer, passait en café, en feuilles de bétel et dans le peu de nourriture qu'il avalait. Il n'avait jamais vraiment très faim parce qu'il mâchait continuellement du bétel et buvait beaucoup de café. Ce serait peu dire que d'affirmer qu'il était surexcité. Il avait toujours l'air branché sur cent mille volts, tellement il consommait de stimulants.

Mais en même temps, il était très attaché à Amma. Il est venu la voir et lui a dit : « Je veux abandonner mon ancien style de vie et venir vivre ici à tes pieds. » Et elle lui a répondu : « D'accord, mais je ne te laisserai vivre ici que si tu peux arrêter ces deux mauvaises habitudes. » Et bien, cela a été très difficile pour lui. Il a réussi à s'abstenir de café et de bétel pendant quelques jours, puis il est allé voir Amma : « Je n'arrive pas à me contrôler. » Amma lui a dit : « Cela n'est pas étonnant. Quand tu ressens le besoin de boire du café ou de mâcher du bétel, prends un peu de sucre candi à la place. » Alors il s'est mis à manger beaucoup de sucre candi, au point de s'en dégoûter. Il avait l'impression d'en être imbibé. Mais l'astuce n'a pas marché.

Un jour, il est sorti de l'ashram pour aller dans une échoppe de thé où il a acheté du café et un paquet de feuilles de bétel. Personne n'était au courant car il avait agi en cachette, peut-être pendant la nuit, quand tout le monde méditait. Lui, c'est sur le café qu'il méditait, et donc, il est sorti pour avoir le darshan de l'échoppe de thé ! Quand il est rentré, Amma l'a appelé et lui a dit : « Tu ne peux pas tricher avec moi. Je sais ce que tu as fait. Je t'ai prévenu que si tu voulais vivre ici, tu devais arrêter. » Il s'est senti si mal que depuis ce jour-là, il n'a plus jamais touché ni au café ni aux feuilles de bétel. Il est devenu fermement convaincu que cette dépendance était nocive et que s'il persistait à s'intoxiquer, il ne pourrait plus bénéficier de la grâce d'Amma. Lorsqu'il a ressenti cette certitude avec le cœur, pas seulement avec la tête, il a été capable de renoncer une fois pour toutes à sa compulsion destructrice.

N'allez pas manger au restaurant

Maintenant, vient un conseil qui risque de paraître un peu étrange à des Occidentaux, mais il faut se souvenir qu'il vient d'Amma :

« Au début, le sadhak (le chercheur spirituel) doit éviter de consommer ce qui provient des cafés ou des restaurants. Quand le patron prépare le thé, il n'a qu'une pensée en tête en prenant chaque ingrédient : faire le maximum de bénéfice. Il se dit : « Faut-il vraiment ajouter autant de lait ? Ne pourrait-on pas mettre moins de sucre ? » Il ne pense qu'à réduire les quantités pour augmenter son bénéfice. La vibration de ce type de pensées influence le sadhak. »

Les gens sont de plus en plus nombreux dans le monde à accorder une très grande importance à la vie sociale. Jamais on ne penserait que les restaurants sont des endroits à éviter. En fait, tout le monde y va. J'ai lu quelque part qu'en une année, MacDonald fabrique assez de hamburgers pour faire deux fois et demi le tour de la Terre, si on les plaçait en rang d'oignons l'un à côté de l'autre. Quelle est la circonférence de la Terre ? 38 400 km. Donc 76 800 km plus 19 200 km. Cela fait 96 000 km de hamburgers en un an ! Et il ne s'agit que d'une seule chaîne de fast-food. C'est dire à quel point les gens vont au restaurant !

Autrefois, les restaurants n'existaient pas. On trouvait tout au plus quelques auberges pour les voyageurs. En Inde, il existait (et il existe toujours) des *dharmasalas* où les gens se reposaient au cours des pèlerinages. C'était la principale cause de déplacement. Dans chaque ville, il y avait une auberge tenue par les membres de la communauté la plus riche, probablement celle des marchands, pour loger et nourrir gratuitement les pèlerins. Autrement, où auraient-ils trouvé de quoi manger ? Cette nourriture offerte dans les *dharmasalas* avait une qualité spirituelle parce qu'elle était donnée par charité. Même si le comportement de l'humanité entière est en contradiction avec ce conseil, il n'en reste pas moins vrai que la nourriture servie à la maison est bonne pour vous spirituellement, mais que celle proposée dans les restaurants ne l'est pas. Car elle est préparée avec l'idée de gagner de l'argent. Le restaurant est une entreprise, un business. Ce n'est pas par amour que le propriétaire vous nourrit !

Un père et sa petite fille arrivent dans une ville et vont dormir à l'hôtel. Le lendemain matin, alors qu'ils s'apprêtent à quitter l'établissement, la petite fille s'exclame : « Papa, les gens sont si gentils ici. Ils nous apportent des tas de choses et courent dans tous les sens pour nous rendre service. Au restaurant, ils nous demandent ce que nous voulons manger et sont vraiment aimables et sympathiques. Je n'ai jamais rencontré des gens aussi merveilleux. » Le père répond : « Qu'est-ce que tu racontes ? Dès que j'aurais payé l'addition, tu ne les verras même plus. Ils ne sont aimables que parce qu'ils espèrent recevoir un pourboire. C'est tout. Ce n'est qu'une façade, une comédie. Si je ne règle pas la note, tu verras s'ils sont vraiment gentils ! »

Alors, même si l'atmosphère y est agréable, même si les plats y sont succulents, le restaurant n'est pas bon au niveau spirituel. La partie subtile de la nourriture, sa vibration, entre dans le mental et ensuite, une tendance à la cupidité s'installe au lieu de pensées charitables, d'altruisme et de partage.

Amma raconte ensuite une petite histoire :

> « *Il s'agit d'un sannyasi (un moine) qui n'a pas du tout l'habitude de lire les journaux. Un jour, après avoir mangé, il ressent pourtant un intense désir de lire les nouvelles ; il se met même à rêver de journaux. Il se renseigne et découvre que le domestique a lu le journal en préparant le repas. Au lieu de se concentrer sur la cuisine, son attention était focalisée sur la lecture du journal. Les vibrations de ses pensées ont affecté le sannyasi.* »

Cela signifie que quand nous cuisinons, les vibrations de nos pensées entrent dans la nourriture. Les mahatmas comme Amma disent que les aliments cuits deviennent sensibles aux vibrations. Ils absorbent les vibrations de la personne qui les manipule. Dans une maison où règne l'affection, cette vibration pénètrera dans la nourriture et nourrira le mental des convives. Mais dans un hôtel ou un restaurant, on ne trouve pas ce type de vibration car tout y est calculé pour faire du profit. C'est pourquoi Amma recommande :

> « *Au début, un sadhak ne devrait rien manger qui provienne de restaurants ou de traiteurs.* »

Nous n'avons pas à respecter cette règle à tout jamais. Mais nous ne sommes, pour la plupart, que des débutants dans la vie spirituelle. Car même si cela fait vingt ans que nous méditons, et si nous avons vu tous les mahatmas qui sont venus en Europe, et que nous sommes allés quatre cents fois en Inde, que nous y avons visité chaque ashram et que nous sommes restés dans la posture sur la tête pendant des heures et des heures, nous ne contrôlons toujours pas le mental. Il vagabonde et tourbillonne comme le vent. Tant que le mental ne connaît pas une paix inébranlable, tant que nous ne sentons pas une béatitude intérieure indépendante de toute cause extérieure, rayonnant en nous en permanence, tant que nous n'avons pas atteint ce stade d'évolution spirituelle, tout nous affecte. Un *sadhak* sérieux doit donc faire attention à ces règles, même si elles semblent contre-nature et difficiles à observer. Elles nous sont bénéfiques. Si nous ne sommes pas sérieux, nous pouvons faire ce que nous voulons, il n'y a pas de problème.

Ne mangez que la quantité nécessaire

« *Ne mangez pas au point de suffoquer.* » Autrement dit, ne vous étouffez pas avec une trop grosse quantité d'aliments. « *Réservez une moitié de l'estomac à la nourriture, un quart à l'eau, et le dernier quart aux mouvements de l'air.* »

C'est bien sûr l'idéal vers lequel il faut tendre. Je n'ai jamais rencontré quelqu'un qui puisse le faire. C'est très difficile de ne remplir son estomac qu'à moitié. Pourtant, nous devons parler du but le plus élevé, de l'idéal à suivre. Consacrer une moitié de l'estomac à la nourriture, un quart à l'eau et le reste à l'air, c'est un principe ayurvédique.

« Moins on mange, mieux on contrôle le mental. Ne dormez pas et ne méditez pas immédiatement après le repas, sinon la digestion ne se fera pas correctement. »

Voilà un conseil d'Amma pour votre santé : arrêtez de manger avant d'exploser. Un jour, à l'ashram de Vallickavu, j'ai vu une vache qui avait trop mangé. Savez-vous que les vaches peuvent manger à en mourir ? Personne ne pouvait dire si on avait déjà nourri cette vache. Donc, on lui a donné et redonné sa ration quotidienne : en remarquant la mangeoire vide quelqu'un s'est dit : « Pauvre vache, personne ne lui a apporté quoi que ce soit ! » Deux ou trois personnes l'ont servie de cette façon et finalement elle en est morte. Elle s'est tellement empiffrée de nourriture qu'elle a failli exploser et qu'elle est morte d'indigestion. Il y a des gens comme ça. Quelque chose leur semble tellement bon qu'ils n'arrêtent pas d'en manger, même s'ils sont rassasiés. Si vous leur apportez quelque chose qu'ils aiment, alors tout d'un coup ils trouvent encore de la place pour l'avaler. J'ai souvent été témoin de cela.

Vous connaissez tous le *payasam* (genre de pouding), le dessert favori de beaucoup de gens. Vous venez de finir un délicieux festin indien de sept plats différents, et vous êtes sur le point d'éclater. Quelqu'un arrive avec du riz, des légumes ou du *sambar* et vous en propose : « Vous voulez du riz ? » « Non, non je ne peux plus rien avaler ! » Et puis quelqu'un d'autre s'approche et vous demande : « Vous n'avez pas eu de *payasam* ? » « Oh d'accord, je vais en prendre. » Le *payasam* risque de vous sortir par les oreilles ! Tout le monde trouve de la place pour quelque chose qu'il aime.

Donc, ne mangez pas au point de gêner votre respiration, parce que cela va vous abrutir. Vous savez ce qui arrive quand vous mangez trop ? Vous vous mettez immédiatement à somnoler. C'est bon si vous voulez aller dormir, mais pas si vous voulez méditer. Amma dit que vous ne devriez ni dormir ni méditer après un repas complet. Pourquoi ? Si vous dormez, la digestion est ralentie. Tout fonctionne trop lentement, et donc les aliments ne sont pas bien digérés, vous n'êtes pas correctement nourris, et vous pouvez même avoir une indigestion. Le lendemain, vous souffrez d'acidité.

La force de vie peut se contrôler

Si vous méditez, il se passe la même chose. Quand on médite, la force de vie, qui digère la nourriture, est également ralentie. Cette force est dirigée à l'endroit où vous portez votre attention pendant la méditation. Personne ne se concentre sur l'estomac. En tout cas, je n'ai jamais entendu parler de ce genre de méditation. Il en existait une pendant laquelle les gens regardaient leur nombril, mais je ne crois pas que cela soit encore pratiqué de nos jours. Généralement, on se concentre soit sur le cœur, soit sur le front, ou alors on visualise quelque chose en face de soi. La *prana shakti* ou force de vie se trouve à un endroit particulier.

Bien que cette force de vie occupe tout le corps, nous pouvons la contrôler et la diriger à un endroit précis. Nous pouvons même la projeter à l'extérieur. Lorsque nous parlons à quelqu'un en le regardant très attentivement, il ressent quelque chose. Ce « quelque chose », c'est la force de vie. Elle est subtile. Elle ne se voit pas. Certains sont capables de la voir, mais ce n'est pas le cas de la plupart d'entre nous. Cette force est nécessaire pour digérer la nourriture après le repas. Si nous ne voulons pas gêner le fonctionnement naturel de l'estomac, nous devons éviter de méditer après un repas copieux. Il faut attendre une heure ou deux.

Quand la vie spirituelle devient facile

« Une fois que l'amour pour Dieu se développe, c'est comme si on avait de la fièvre : on n'a plus aucune envie de manger et même ce qui est sucré semble amer. Quand l'amour de Dieu s'éveille en nous, l'appétit diminue spontanément. »

Voilà le mot de la fin. Ce sera peut-être difficile pendant quelque temps de contrôler ces désirs naturels afin d'entrevoir quelque chose de plus élevé que la satisfaction sensorielle. Ce sera difficile parce que nous avons passé de nombreuses vies à ne rien connaître d'autre. Mais une fois que nous avons eu une véritable expérience spirituelle et goûté à la béatitude ou senti la présence de l'*Atma*, alors ça devient spontané.

Ensuite, nous n'avons plus envie de savourer quoi que ce soit d'extérieur à nous-mêmes. Les plaisirs du monde nous font l'impression de distractions, d'une perte de temps. Lorsque nous commençons à prendre goût aux pratiques spirituelles, que nous nous mettons à apprécier la méditation, à aimer écouter les *satsangs*, chanter les *bhajans* et lire des ouvrages spirituels, alors la vie matérielle, à l'extérieur, se révèle vraiment déprimante. Nous sommes plongés dans un état spirituel bien agréable, et puis nous devons penser à préparer le repas, à manger, à nous laver …etc. L'existence dans le monde devient pénible.

Certains retraités consacrent tout leur temps aux pratiques spirituelles et s'en trouvent très heureux. Contrairement à ce que croient la plupart des gens, la vie spirituelle est pleine de félicité. Ce n'est pas une vie de souffrance ni de tristesse. Cela peut être difficile, mais seulement pendant un certain temps. Vous avez dû entendre l'expression « la nuit obscure de l'âme ». Mais ce phénomène n'arrive qu'à un moment particulier de la vie spirituelle.

Quand nous avons compris certaines choses, quand nous sentons que la vie spirituelle en vaut vraiment la peine, nous nous mettons à pratiquer quelques exercices. Mais à cause des habitudes que nous avons prises dans la société, dans la famille et dans le monde, nous rencontrons beaucoup de réticences. Ce n'est pas si facile de méditer, de se concentrer, de se débarrasser de mauvaises habitudes, ni d'en acquérir de bonnes.

Toutes ces difficultés, profondément enracinées, vont surgir. Alors nous commençons à souffrir : « Quel casse-tête! Quelle bagarre ! » Nous rencontrons des amis et nous leur semblons bien tristes, avec notre mine soucieuse. « Je croyais que tu t'étais tourné vers la vie spirituelle ? Tu devrais rayonner de béatitude ! » Et bien, cela n'est pas le cas au début. Personne n'obtient son doctorat sans passer d'abord par toutes les classes du système scolaire, de la maternelle à l'université. Dire : « Tu devrais rayonner de béatitude ! » revient à demander à un enfant de maternelle : « Parle-moi de ta thèse. » Comment aurait-il pu rédiger une thèse ? Il n'a même pas commencé à aller à l'école !

Comment pourrions-nous savourer la joie divine sans avoir fourni le travail nécessaire ? Une des étapes sur le chemin est le difficile combat contre le côté grossier de notre personnalité présente et de celles de nos vies antérieures. Mais une fois que nous avons dépassé cette étape, exactement comme lorsque nous écartons un instant la mousse à la surface d'un étang, et que nous apercevons l'eau claire, nous pouvons entrevoir notre véritable nature, *l'Atma*, et nous commençons à percevoir la présence de Dieu. Nous ressentons de la dévotion et la vie spirituelle devient pleine de joie. Alors, toutes les règles, tous les interdits, deviennent faciles à respecter. Quand nous nous établissons vraiment dans le Soi, dans la présence de Dieu, la discipline devient naturelle. Avant d'en arriver là, nous devons faire des efforts pour respecter cette discipline.

Amma dit :

« *D'abord on répète, la vraie représentation vient ensuite.* »

La *sadhana* est comme une répétition, et l'état de béatitude est la vraie représentation.

L'Expérience Ultime

Je voudrais lire un texte qui décrit l'expérience de la béatitude. C'est très rare de trouver ce genre de description. De nos jours beaucoup de gens écrivent pour raconter leurs expériences. Mais dans ce cas-là, il s'agit de quelqu'un qui vivait il y a environ deux mille ans. Selon la tradition, il est allé voir un gourou en qui il a pris refuge et aux côtés de qui il a vécu. Son maître l'a formé et il a fini par recevoir l'expérience de la béatitude.

> *« Ayant compris la Vérité suprême par l'étude des textes sacrés, des instructions de son gourou et par son propre raisonnement, dans le retrait des sens et le contrôle du mental, le disciple, retiré en un lieu solitaire, s'est immobilisé. Établissant pendant un moment le mental en Brahman qui est la Suprême Réalité, le disciple s'est levé et dans l'abondance de sa joie, s'est mis à parler comme suit… »*

Il a calmé le mental, s'est retiré dans un lieu isolé et a complètement immobilisé sa pensée. Il a contemplé l'enseignement qu'il avait étudié et réfléchi à tout ce que son maître lui avait dit. Le mental s'est concentré sur un seul point et a fait l'expérience de la béatitude suprême. Alors il a dit :

> *« Les mots ne peuvent pas décrire adéquatement la magnificence de l'océan du Brahman Suprême rempli du nectar de la réalisation du Soi, le mental ne peut même pas l'imaginer correctement. Mon mental a atteint cet état, s'est fondu dans cet océan et savoure à présent la béatitude. Où donc est passé l'univers ? Qui donc l'a fait disparaître ? Je le voyais auparavant mais il n'est plus. Quelle merveille ! Il n'y a plus que l'océan de béatitude. Que choisir ? Que rejeter ?*
>
> *Qu'est-ce qui est différent ? Que distinguer dans cet océan rempli du nectar de la béatitude infinie ? Je ne vois rien.*

*Je n'entends rien. Je ne sais rien. Je demeure simplement
dans la forme de mon propre Atma et continue à savourer
la béatitude.*

*Je me prosterne devant Toi, ô mon Gourou, encore et pour
l'éternité. Ô Toi qui es noble, libre de tout attachement,
Toi qui es le meilleur de ceux qui connaissent Brahman, Toi
qui es l'Incarnation de l'essence éternelle de la béatitude,
l'infini, le réservoir ultime et éternel de la compassion. Ton
regard plein de grâce, semblable à la fraîcheur des rayons de
la lune, a fait disparaître tous mes chagrins nés du samsara,
et j'ai connu soudain l'état indestructible du Soi, dont la
nature est béatitude infinie. Je suis béni. J'ai atteint mon
but. Je suis libéré des griffes des naissances et des morts. Ma
nature est béatitude éternelle. Je suis comblé, par ta grâce.
Je suis Brahman, que rien n'égale.*

*Á l'origine, il y avait la Vérité Suprême, qui est au-delà de
tout ce que l'on peut imaginer et dont la nature est béatitude
éternelle et immuable. Par le jeu des vents de Maya, les
diverses vagues du « Je » universel se sont fondues en moi,
océan infini de la béatitude. Comme le ciel, je suis au-delà
de toutes les divisions concevables. Comme le soleil, je suis
différent de ce qu'il illumine. Comme la montagne inébranlable, je suis permanent et immobile. Comme l'océan,
je suis sans rivage. Durant mon grand rêve bercé par Maya,
dans la jungle de la naissance, de la vieillesse et de la mort,
épuisé par les diverses afflictions qui m'affectaient à chaque
instant, je me suis retrouvé tourmenté par le tigre de l'ego.
Ta grâce infinie, mon Gourou, m'a tiré de mon sommeil et
m'a sauvé. »*

Aimer Amma qui est le Soi

(cassette 20, face B)

Question : Pourriez-vous clarifier la relation qu'il y a entre l'amour du Soi et l'amour de soi ?

Le petit moi est l'ego

Beaucoup de gens se posent des questions à ce sujet. Ils essaient de mener une vie spirituelle et un de leurs copains, ou leur époux, ou leur petit ami, ou une personne quelconque avec qui ils sont en relation leur dit : « Tu es devenu égoïste en menant une vie spirituelle. » Alors ils se demandent si c'est vrai ou non, si c'est leur petit moi ou bien le Soi qu'ils aiment. L'amour du petit moi désigne le sentiment que nous portons à ce que nous croyons être nous-mêmes. De quoi s'agit-il ? D'abord et avant tout, le corps ; puis le mental, la personnalité attachée à ce corps. Le petit moi est un mélange de qualités et de défauts. Il est plus humain que divin. C'est l'ego.

Mais il y a deux sortes d'ego, le bon et le mauvais. Comme nous ne pouvons pas nous débarrasser entièrement de l'ego tant que nous n'avons pas réalisé Dieu, nous sommes censés développer le bon ego, l'ego purifié. Le mauvais ego, celui qui nous éloigne du véritable Soi ou de Dieu, est rempli d'égoïsme, de colère, d'impatience, d'attachements, de haine et de ce genre de

28

choses. Finalement ces tendances agissent comme des graines qui, en se développant, portent des fruits : elles nous rendent malheureux. Au début, il nous semble qu'elles vont nous rendre heureux, mais si nous continuons à nous adonner à l'égoïsme et à la colère, nous finissons par être malheureux. Nous rendons les autres malheureux et nous devenons nous-mêmes malheureux. Le petit moi veut être heureux, mais il essaie de l'être par des moyens négatifs, et au lieu de se rendre heureux, il se rend triste. Aimer ce petit moi ne paraît pas très judicieux. Une fois que nous en prenons conscience, nous essayons d'intervenir : nous tentons de nous en débarrasser.

Personne n'a besoin de vous dire de vous aimer. C'est avant tout nous-mêmes que nous aimons. Toute chose et toute personne que nous semblons aimer, nous l'aimons parce que cela nous procure du plaisir, du bonheur. Le petit moi est notre priorité numéro un, et les autres viennent après. Chacun s'aime soi-même plus que tout. La question à se poser est : « Qu'est-ce que le petit moi ? » Si je demande à un enfant de Cours Élémentaire : « Qui es-tu ? », il répondra : « Je suis un écolier, j'ai huit ans, ma maman et mon papa sont Une telle et Un tel. » Chaque fois que je demande : « Qui êtes-vous ? », je reçois une réponse différente.

Qui êtes-vous ?

Une malade est tombée dans le coma et a failli mourir. Parfois, quand certaines personnes frôlent la mort, elles font l'expérience de l'au-delà avant de mourir vraiment. Alors que cette dame était en train de mourir, il lui a semblé qu'on l'emmenait quelque part, dans une sorte de paradis.

Il y avait un comité d'accueil, et on lui a demandé : « Qui êtes-vous ? » Elle a répondu : « Je suis la femme du maire de San

Francisco. » On lui a dit : « Nous ne vous avons pas demandé de qui vous étiez l'épouse, mais seulement : « Qui êtes-vous ? »

Alors elle a réfléchi un instant et a répondu : « Je suis la maman de quatre enfants. » On lui a dit : « Désolés, nous ne vous avons pas demandé de qui vous étiez la mère, mais seulement : « Qui êtes-vous ? »

Elle a répondu : « Je suis professeur. » « Nous ne vous avons pas demandé quelle profession vous exerciez. Nous voulons savoir qui vous êtes. »

Alors elle a répondu : « Je suis chrétienne. » Ils ont dit : « Nous ne vous avons pas demandé quelle était votre religion. Nous voulons savoir qui vous êtes. »

Alors elle a expliqué : « Je suis allée à l'église chaque jour, je me suis occupée de nombreuses œuvres caritatives et me suis mise au service des pauvres. » Ils ont répété : « Nous ne vous avons pas demandé un compte-rendu de toutes les bonnes actions que vous avez accomplies. Nous voulons tout bonnement savoir qui vous êtes. »

Finalement puisqu'elle ne savait pas qui elle était, la dame a été renvoyée sur la Terre. Et quand elle a repris conscience, elle a décidé qu'il y avait une chose très importante à faire, maintenant qu'elle était revenue à la vie, c'était de découvrir qui elle était : « Qui suis-je ? Si je ne suis rien de ce que j'ai énuméré, alors qui suis-je ? » Et il s'agit là de la question la plus importante.

Qui est ce Soi dont nous parlons ? Y a-t-il vraiment une différence entre l'amour pour le petit moi et l'amour pour le Soi ? Le véritable Soi est désigné par le mot « Je ». Nous avons discuté de cela bien souvent, et s'il suffisait d'en parler, nous aurions tous déjà réalisé le Soi. Il n'y aurait personne à qui en parler. Il n'y aurait ici que des êtres réalisés. Mais nous avons tous à écouter ces principes. Qu'est-ce que nous aimons tant ? C'est le « Soi », c'est ce « Je ». Ce n'est pas la personnalité qui change tout le temps.

Et ce n'est pas possible que ce soit le corps. Car le corps aussi change constamment. Et parfois le corps nous cause beaucoup de problèmes. Il tombe malade, nous fait mal, et meurt. Nous devons manger, nous devons dormir, nous devons faire tant de choses ; nous devons gagner notre vie pour entretenir le corps. Le Soi ne peut pas être une telle source d'ennuis !

Regarder à l'intérieur pour trouver le Soi

Le Soi est le cœur de notre être. Mais en général, nous sommes quatre-vingt dix neuf pour cent à ne pas vivre au cœur de notre être. Nous sommes à la périphérie, dans tout ce que nous faisons, et dans tout ce qui se trouve autour de nous. Nous sommes tournés vers l'extérieur. Comme nous ne cherchons pas assez profondément, nous prenons l'extérieur pour nous-mêmes. Mais si nous cherchons profondément à l'intérieur, nous découvrons « quelque chose » que nous pouvons appeler le Soi. Il n'est pas dans la tête, ni dans les mains, ni dans un endroit particulier du corps. C'est un sentiment, le sentiment du « Je » ou du « Je suis ». Et si nous allons plus profond encore dans cette direction, ce qui arrive, c'est qu'au lieu de nous limiter à la forme, au corps, nous commençons à percevoir une conscience plus vaste, quelque chose d'immense comme le ciel. On l'appelle encore « Je » mais ce « Je » ne change pas. C'est la paix, le bonheur, le Soi.

À ce stade, nous commençons à préférer « Cela » au corps, au mental, et à ce que nous possédons. Nous commençons à comprendre que les tendances du petit moi que nous aimions si tendrement et que nous cultivions tant comme la colère, l'attachement et l'impatience nous coupent du Soi. Elles nous séparent de cette immensité à l'intérieur, du véritable Soi. Nous voyons que ce que nous prenions pour le Soi n'était pas notre véritable Soi. Il s'agissait seulement du faux soi qui se cachait dans le Soi authentique. Amma dit que ce petit moi est comme un nuage qui cache le soleil. Alors nous commençons à nous en méfier. Nous le combattons par amour pour le Soi, pour permettre au Soi de se révéler de plus en plus. Pour la plupart des gens, ce n'est pas une tâche facile. Cela demande une grande concentration, un grand détachement de ce qui se trouve à l'extérieur. La plupart des gens n'y arrivent pas.

Alors Amma nous donne le conseil suivant :

« *D'accord, si vous ne pouvez pas aimer le Soi tel qu'il est vraiment, alors aimez Dieu ou le gourou.* »

Dirigez le mental vers le véritable Soi en chacun. C'est le Soi suprême. Que votre amour se tourne vers Amma, Dévi, Krishna, Jésus… ou le Sans Forme. Et puis essayez de vous débarrasser de ces défauts dont nous avons parlé, afin de vous rapprocher et de vous remplir de « Cela ». Plus le petit moi est présent, moins le Soi rayonne. Dieu brille en chacun. Vous n'avez pas à aller le chercher où que ce soit. Il n'est pas plus en Inde qu'à Vaikunta ou ailleurs, il est juste là, à l'intérieur de vous-mêmes.

Mais vous avez entendu ce que disent les Juifs : « Dieu est jaloux. » Cela ne veut pas dire qu'il va se mettre en colère contre vous si vous aimez quelqu'un d'autre. Cela signifie que si vous voulez faire l'expérience de la présence divine, alors « vous » devez disparaître. Il ne peut partager son trône avec personne. Tant que le petit ego est là, alors Dieu n'y est pas. C'est Lui ou moi. L'Ancien Testament affirme que celui qui voit Dieu meurt immédiatement. Autrement dit, si le petit ego fait l'expérience de Dieu, alors il ne peut plus exister. Il doit laisser la place au Dieu réel qui réside en chacun. La conscience individuelle se fond dans la conscience universelle.

Le sens de la dévotion

Qu'est-ce que la dévotion ? La dévotion consiste à penser constamment à « Cela », à essayer de diriger systématiquement le flot de nos pensées vers Dieu ou vers un être réalisé, à l'exclusion de toute autre pensée, souci, passion et désir. Nous essayons de progressivement ramener toute notre énergie pour la diriger vers l'océan de béatitude, au lieu de la laisser s'écouler dans toutes ces petites rivières de pensées. Alors nous commençons à percevoir cette Présence. Cela devient une expérience. Nous faisons l'expérience de *l'Atma*, de Dieu et devenons remplis de « Cela ». Nous ressentons que « Je ne compte pas, je n'existe même pas. Seul ce vaste océan est réel. Je ne suis qu'une ombre, qu'une vague sur l'océan. »

Il s'agit d'une expérience à vivre, non d'une philosophie dont on discute. Chaque dévot sincère doit passer par cette expérience. Elle arrive tôt ou tard. Quand elle se produit, cela signifie que vous avancez dans la bonne direction. Si elle ne se produit pas, cela signifie que quelque chose manque dans votre *sadhana*. À vous de trouver ce qui ne va pas, de comprendre pourquoi vous êtes privé de cette expérience.

Au stade final, nous comprenons que nous n'existons pas en tant qu'individu. N'existe que « Cela » qui est béatitude infinie, conscience pure, océan d'intelligence, et nous sommes un avec « Cela ». Ce que nous appelions « je », ce que nous aimions tant, était caché parmi le corps, le mental, l'ego, les sentiments et les pensées. « Cela » avait toujours été là, mais ne pouvait être réalisé en tant que tel. Nous prenons conscience que Dieu est ce qu'il y a de plus gentil, que le maître spirituel et le Soi sont ce qu'il y a de plus précieux au monde. Mais le Soi n'est pas cette petite chose changeante qui va et vient. Non, le Soi est la conscience éternelle. Il n'y a pas de mal à aimer le Soi. En fait, c'est le Soi que tout le monde aime le plus, mais pour arriver au véritable Soi, nous devons dépasser le petit moi.

Alors, quelle relation faire entre l'amour du petit moi et l'amour du Soi ? Il s'agit de la même chose, il faut seulement retirer la personnalité, le petit moi, et ce qui reste est le Soi.

Pourquoi répéter « shanti shanti shantih » ?

Question : Lorsque nous chantons « Om shanti shanti shantih », pourquoi répétons-nous « shanti » trois fois ?

Personne ne se demande pourquoi nous disons : « Om ». Le son « Om » est bénéfique. Voilà une bonne raison de le répéter. Mais il est possible d'expliquer de façon plus rationnelle pourquoi nous utilisons « Om ». Lorsque nous sommes sur le point de commencer quelque pratique spirituelle ou quelque bon *karma* comme une *pouja* ou du *japa*, au début le mental est dispersé. Il est toujours en train de vagabonder d'un objet à l'autre. Il ne reste jamais tranquille un instant. Je peux penser à quelque chose, et l'instant d'après, je pense à quelque chose d'autre sans même avoir été au bout de la pensée précédente. Je regarde une chose et puis une autre. Ma vie tout entière est un flot continu de pensées et de perceptions décousues. Mais pour faire l'expérience de *l'Atma* ou de Dieu, cette conscience dispersée doit se calmer et se concentrer en un seul point. C'est une condition indispensable.

Supposons que vous vouliez voir un micro-organisme. De quoi avez-vous besoin ? D'un microscope. Des ignorants vous diront que les micro-organismes n'existent pas, mais s'ils disposent d'un microscope, ils peuvent découvrir tout un monde de micro-organismes. Ils ne pouvaient pas les voir précédemment parce qu'ils n'avaient pas l'instrument adéquat. De la même façon, *l'Atma*, Dieu est là, mais nous ne le voyons pas, nous ne faisons pas l'expérience de « Cela », parce que nous n'avons pas la concentration nécessaire. C'est tout. Ce n'est pas que « Cela » n'existe pas. Comment se concentrer au milieu de toutes les distractions qui nous entourent ? Les sages recommandent de psalmodier « Om ». Ce son a un effet calmant et unifie le flot d'énergie qui était jusqu'alors dirigé vers l'extérieur, si bien que le mental va s'immobiliser.

« Shanti » signifie « paix ». Lorsque vous obtenez un peu de paix après le premier « Om », vous êtes en bonne voie. Le mental se calme. Mais vous devez lui taper sur la tête encore plusieurs fois. Toute la journée le mental a couru çà et là. Il ne va pas rester tranquille avec un seul « Om ». Essayez et vous verrez. Vous devez lui taper sur la tête. Imaginez que vous prenez un clou. Vous voulez l'enfoncer dans un morceau de bois. Que faites-vous ? « Om », tenez-le bien immobile à un endroit précis. « Om », tapez dessus une fois pour le positionner. Puis « shanti, shanti, shanti », le clou s'enfonce tout droit dans le bois. Vous devez lui asséner trois coups de marteau pour le fixer correctement. Cela ne peut pas se faire d'un seul coup. Ni même au second coup, à moins que vous ne soyez expert en la matière. Voilà pourquoi vous répétez « shanti » trois fois. D'abord vous commencez à vous apaiser avec le premier Om, et au bout du troisième « shanti », vous devez être vraiment établi dans cette paix.

Si vous écoutez les mahatmas parler, vous remarquerez que beaucoup d'entre eux répètent certaines choses trois fois. Parfois Amma dit : « *Cheyanam ! Cheyanam ! Cheyanam !* (Tu dois le faire ! Tu dois le faire ! Tu dois le faire !) » Les autres mahatmas aussi s'expriment ainsi. Pourquoi ? Parce que nous sommes si dispersés que le conseil doit s'imprimer en nous. Les sages savaient cela. Donc, voilà pourquoi nous chantons : « Shanti, shanti, shanti ! »

Parler d'Amma à ceux qui ne la connaissent pas

Question : Beaucoup de gens n'ont jamais entendu parler d'Amma. Quand je tente de leur expliquer que c'est une Incarnation de Dieu, ils se moquent de moi et pensent que je suis stupide. De quelle façon puis-je leur parler et qu'est-ce que je peux leur dire ?

Imaginons que quelqu'un me demande : « Comment savez-vous qu'Amma est une Incarnation de Dieu ? Est-ce que quelqu'un vous l'a dit ? Croyez-vous qu'Amma est un avatar parce que quelqu'un vous l'a affirmé ? » Non ! Personne ne va le croire uniquement sur parole. Vous le croyez parce que vous avez eu une ou plusieurs expériences qui vous en ont convaincu. Vous avez fait un rapprochement entre tel et tel incident et senti intuitivement qu'Amma est un avatar. Comment en êtes-vous arrivé à cette conclusion ? Ce n'est pas parce que quelqu'un vous a convaincu ou vous l'a enseigné. Aussi, n'avons-nous pas vraiment à convaincre qui que ce soit de ce qu'est Amma. Si leur destin le leur permet, les gens le comprendront d'eux-mêmes.

Comment suis-je venu à Amma ? Comment chacun de nous est-il venu à elle ? Tout le monde a une histoire différente à raconter. Logiquement, je n'aurais pas dû la rencontrer. Je vivais à des centaines de kilomètres de l'endroit où elle se trouvait. Elle était complètement inconnue au-delà des villages les plus proches. Je ne cherchais pas de mahatma. Quelqu'un est simplement entré chez moi et s'est mis à me parler d'elle, et j'ai eu envie d'aller la voir. D'où venait cet homme qui est passé chez moi ? Je ne l'avais pas appelé. Il n'avait pas mon adresse. Il est juste entré. Amma le savait. Elle lui avait dit : « Quand tu iras à Tiruvannamalai, tu rencontreras cet homme blanc et tu le ramèneras ici, et l'ashram commencera ensuite. » Qu'est-ce que je savais ? Je ne savais rien du tout. Je m'occupais de mes petites affaires. Cette personne avait aussi demandé à Amma : « Comment vais-je le trouver ? Où est-ce qu'il vit et à quoi ressemble-t-il ? Amma avait répondu : « Ne te fais pas de souci, cela va se faire tout seul. Rends-toi juste là-bas et fais ta *sadhana*. » Il est entré et a dit : « J'ai besoin d'un endroit où m'installer, cela ne me convient pas là-haut sur la montagne. Est-ce que je peux rester ici ? » Alors, comment est-ce arrivé ? C'était la volonté de Dieu. Vraiment, car Dieu en personne avait dit que cela arriverait.

Alors je suis venu voir Amma. J'ai fait l'expérience de sa grâce. J'ai vécu dans un autre monde pendant trois ou quatre jours, dans le *Dévi Loka*, et j'ai ressenti la même chose, à savoir qu'Amma était un avatar. Quelle chance j'avais ! Je n'en revenais pas. J'avais lu un ouvrage au sujet des avatars mais cela restait une connaissance livresque. Je me disais : « Ils ont peut-être existé. Et s'ils ont existé, j'aurais bien voulu être là pour en rencontrer un, mais ça ne risque pas de m'arriver dans cette vie-ci. » Or quand j'ai vu Amma, j'ai pensé qu'elle ne pouvait être qu'un avatar. Elle n'avait pas eu de gourou. Elle rayonnait de la présence de Dieu et la communiquait aux gens, comme un fleuve qui déborde. J'ai ressenti : « Voilà Dieu. » Je voulais partager ma découverte avec quelqu'un. Heureusement pour moi, le premier endroit où je me suis rendu en quittant Amma, c'était chez un dévot, la personne qui m'avait conduit à elle. J'ai parlé de mes sentiments à ses parents et ils ont simplement acquiescé : « Oui, c'est vrai. » Mais quand je suis arrivé à Tiruvannamalai et que j'ai commencé à parler d'Amma comme étant Dévi, alors la réaction a été : « Ha ha ha, mais bien sûr ! »

C'était normal. Comment auraient-ils fait pour sentir, pour savoir ou pour comprendre, à moins d'avoir eu la même expérience que moi ? Lorsque nous écrivions la biographie d'Amma, nous avons eu, Swamiji et moi, une discussion à ce propos. Je sentais que dans ce contexte-là nous ne devions pas dire qu'Amma était un avatar. Non pas parce qu'elle n'en était pas un, mais parce que je suivais le même raisonnement. Nous sommes arrivés par nous-mêmes à cette conviction qu'elle était un avatar, personne ne nous l'a dit. Amma est ce qu'elle est. Nous ressentons qu'elle est un avatar. Alors pourquoi les autres ne pourraient-ils pas eux aussi ressentir la même chose d'eux-mêmes ? En plus, si vous commencez à dire de quelqu'un que c'est un avatar, ce que beaucoup de gens font de nos jours, cela devient très ordinaire. C'est presque une compétition. C'est comme si nous tentions de lancer la personne sur le marché, comme si nous essayions de convaincre les autres. Alors bien entendu, cela provoque de la suspicion. Nous avons décidé que nous n'utiliserions pas ce terme en parlant d'Amma. Maintenant nous l'utilisons parfois parce que beaucoup de gens ressentent qu'il correspond à la réalité. Ils en ont fait l'expérience eux-mêmes, sans que quiconque leur ait dit quoi que ce soit. C'est leur propre expérience.

Alors, quand vous bavardez avec un nouveau venu, au lieu d'insister sur cet aspect d'Amma, vous pouvez souligner ses qualités spirituelles exceptionnelles. Vous pouvez parler de sa patience infinie, de son endurance surhumaine. Vous pouvez dire qu'elle donne à tous le même amour. Par exemple, beaucoup d'entre vous ont lu le Matruvani de ce mois-ci. Il y est rapporté qu'en sept jours de programme à Calicut, Amma a donné le *darshan* à cinq cent mille personnes. En sept jours ! C'est le journal local qui a publié ce nombre. On pourrait penser que des dévots d'Amma gonflent les chiffres, mais pourquoi un quotidien le ferait-il ? Cinq cent mille personnes en sept jours, c'est inconcevable ! Elle a dû rester assise dix-huit heures par jour. Le *darshan* devait ressembler à un tapis roulant couvert de gens défilant devant elle. Et comment a-t-elle fait avec ses bras ? Combien de fois a-t-elle dû lever les bras pour serrer les gens contre elle. Nous ne pouvons même pas l'imaginer. Comment un être humain pourrait-il faire cela ?

Quelqu'un qui vient juste de rentrer d'Inde m'a raconté que pendant le Tour du Nord, Amma passait entre seize et vingt heures sur la route, arrivait quelque part et commençait immédiatement à donner le *darshan*. Pouvez-vous vous imaginer faire ça, même dans notre pays où tout est si confortable ? Ne serait-ce qu'après un voyage en avion, on se sent fatigué et on veut se reposer. Amma voyage en bus sur des routes cahoteuses et ensuite, elle reste assise pendant des heures et des heures à donner le *darshan*. Alors nous pouvons parler de ce genre de choses aux nouveaux venus.

Nous pouvons aussi raconter à quel point elle a été incomprise et comment, face à de terribles épreuves, elle est restée paisible et centrée sur Dieu. Nous pouvons décrire la foi et l'acceptation dont elle a fait preuve. Même quand on a voulu la tuer, elle est restée imperturbable. Et ce terrible incident quand elle a failli être assassinée par son cousin ? Qu'est-ce qu'elle a fait ? Le lendemain, elle est partie le voir à l'hôpital pour le réconforter parce qu'après sa tentative de meurtre, il s'était effondré. Nous pouvons raconter une quantité d'anecdotes qui témoignent de la nature spirituelle extraordinaire, unique, d'Amma.

C'est le destin qui détermine notre façon de comprendre Amma

Finalement, ce que je crois, c'est que tout le monde n'est pas destiné à devenir dévot d'Amma. Pour les chanceux dont c'est le destin, cela se fera. Le Seigneur Krishna dit :

> *« Ceux qui me voient comme l'Âme Suprême, au-delà de cette forme physique, obtiendront la libération du cycle des naissances et des morts. »*

Alors que les hostilités sont sur le point d'éclater entre les Kauravas et les Pandavas, Krishna se rend à la Cour en tant que messager de paix, pour éviter la guerre. Des millions de gens vont se battre. Qu'est-ce qu'il fait ? Il parle beaucoup de paix. Il demande aux

Kauravas de céder aux Pandavas ne serait-ce que cinq villages. Il leur explique que les Pandavas ne souhaitent que la paix et un endroit pour vivre. Que répond Duryodhana? « Je ne leur donnerai même pas de quoi planter une aiguille. » Duryodhana ordonne à ses soldats : « Emparez-vous de ce coquin de Krishna et enchaînez-le. » Il sait que Krishna est Dieu. Il le sait sans le savoir. Il n'a pas la capacité de voir sa divinité.

Il y a tant de gens qui ont vu Amma, qui lui ont parlé, qui sont proches d'elle, qui vivent chez elle, mais qui ne voient pas sa divinité. Pourquoi ? Leur destin ne les autorise pas à la voir, leur ego ne les laisse pas la voir.

Amma explique qu'un mahatma ou un avatar n'a pas d'ego. Il est le « Je » universel, l'Être en chacun. Mais quand il est face à des gens qui ont un ego, il doit faire en sorte que son ego apparent semble plus gros que celui des égotiques. Autrement sa mission serait compromise. Pourquoi Bhagavan s'incarne-il ? Pourquoi Krishna prend-il naissance ? Il vient pour rétablir le *dharma*, pour détruire le mal. Alors que fait-il ? Il grandit en taille, grandit et grandit encore. La Cour des Kauravas est certainement abritée d'un toit comme le nôtre. Krishna devient tellement grand qu'il touche le toit. Les Kauravas arrivent à voir cela, mais il ne leur est pas donné de voir la suite. Rares sont les témoins de la scène suivante : Krishna devient aussi brillant que le soleil. Il révèle que tout l'univers se trouve à l'intérieur de lui. Il donne le *darshan* de sa forme universelle. Mais qui arrive à le voir ? Les Pandavas peuvent le voir, Bhisma aussi, ainsi que Drona et Vidhura. Seule une poignée de gens ont la capacité de voir, alors qu'ils sont des centaines rassemblés à la Cour. Pourquoi les autres n'arrivent-ils pas à voir ? Ce n'est pas leur destin. Leur ego est d'un genre différent, d'une marque différente !

De la même façon, tout le monde ne peut pas comprendre Amma. Tout le monde ne peut pas ressentir sa divinité. Certains y arrivent et d'autres non. Alors nous leur parlons de ce qu'ils peuvent comprendre. Adoptez cette attitude quand vous approchez un nouveau venu qui s'intéresse à Amma. Essayez de comprendre ce qu'il voudrait entendre. Certains désirent entendre qu'Amma est un avatar, mais la plupart des gens ne le souhaitent pas. Si vous leur dites ça, ils vous regardent d'un air amusé. Ils pensent immédiatement : « Ho, ho, je ferais mieux de ne pas aller me fourrer là-dedans !... »

Sommes-nous tous destinés à renaître indéfiniment ?

Question : Il n'y a qu'une minuscule proportion de la population mondiale qui a entendu dire que Brahman est en chacun et que le but de la vie est de réaliser le Soi. Encore plus rares sont ceux qui mettent en pratique ce concept. La plupart des gens non hindous n'ont jamais entendu parler de cela. D'où ma question : que deviennent tous ces gens ? Sont-ils destinés à passer indéfiniment par le cycle des morts et des naissances en dépit de leur innocence ?

Combien de *jivas*, combien d'âmes y a-t-il dans l'univers physique ? Je ne parle pas de l'autre côté où se trouve la majorité des âmes. Vous connaissez l'expression : « Ils ont rejoint la majorité ». De ce côté, dans ce monde, combien y a-t-il d'âmes ? À votre avis ? Trois milliards deux cent quarante millions ? Bon, la population humaine, autant que je sache, compte environ six milliards de personnes. Mais ce n'est que le genre humain. Les animaux, les petits et les gros, sont au moins aussi nombreux que les humains, et peut-être plus. Pensez au nombre de souris, de lézards, de rats, de chats et de tous les autres animaux. Aux États-Unis, presque tout le monde a un chat ou un chien. Ici, on est à peu près deux cents millions d'habitants, alors il y a au moins autant de petits animaux qu'il y a d'êtres humains. Cela inclut les oiseaux. Mais il y a aussi les poissons. Les poissons représentent une population importante. Je ne plaisante pas. En fait, les trois quarts de la planète sont recouverts par les eaux. Tous les animaux et les humains dont nous avons parlé habitent sur ce dernier quart de terre ferme. Les trois quarts sont sous l'eau. Combien y a-t-il de poissons qui vivent dans toute cette eau ? Une énorme quantité !

J'ai appris quelque chose l'autre jour au sujet des microbes. Les microbes sont des petits *jivas*, de tout petits êtres. La dame qui s'occupe du jardin ici m'a raconté une chose apparemment amusante sur le coup, mais nettement moins drôle après réflexion, plutôt choquante même. Il y avait un problème dans le jardin ; une sorte de moisissure qui recouvrait quelques plantes. Cette dame devait combattre ce champignon avec un certain type de microbe. Elle m'a expliqué : « Je peux acheter la quantité nécessaire de microbes pour à peu près vingt dollars. » « Ah bon ? Combien en achète-t-on avec vingt dollars ? » Elle m'a répondu : « Environ vingt millions. » Vingt millions ! Je lui ai demandé : « Allons-nous les compter ? Quand nous aurons fini de les compter, peux-tu leur demander de te rajouter un petit supplément de cinq millions ? Est-ce qu'on peut les voir ? » Elle a répondu : « Non, ils sont invisibles. » Ils sont vingt millions et ils sont invisibles ? J'ai pensé qu'on pourrait annoncer aux visiteurs qu'à l'ashram, nous avons vingt millions vingt-cinq résidents et que nous sommes capables de tous les nourrir convenablement ! Ce que je voulais dire, c'est qu'on ne peut même pas les voir. Ils tiennent largement tous dans une petite cuillère. Vingt millions de *jivas* ! Alors combien y en a-t-il dans l'univers physique ? Cela dépasse l'imagination et confond le mental ! Et qui a créé tout ça ?

Le processus de l'évolution

Contrairement à la croyance générale, nous ne sommes pas des humains. Nous sommes des êtres qui avons pris une forme humaine et qui nous sommes identifiés à cette forme. Nous ne sommes rien de particulier sinon une âme sans forme, un esprit. Mais combien de temps faut-il à un *jiva*, à un esprit, pour se retrouver dans un corps humain ? Très longtemps. Imaginez que vous êtes un microbe. Combien de temps va-t-il vous falloir pour devenir humain ? Longtemps. Alors supposez que vous en ayez fini avec cette vie de microbe, que vous soyez passés par plein d'autres vies, et que finalement vous deveniez un être humain. Vous savez ce qui arrive à un être qui devient humain pour la première fois ? Il est semblable à un animal à deux pattes. Vous savez à quoi les animaux passent leur temps ? Regardez n'importe quel animal. Si vous avez un animal domestique, observez ce qu'il fait toute la journée. Il mange, il dort, il se gratte, il se lèche, parfois il se bagarre, une fois par an il s'accouple. C'est tout. Voilà sa vie. Les âmes qui deviennent humaines pour la première fois se comportent principalement comme ça. Elles passent toute leur vie à agir comme ceux qui appartiennent au règne animal.

Lentement, elles évoluent et deviennent un peu plus raffinées que des animaux. Leur intellect et leur cœur se développent. Mais elles ont toujours une forte attraction pour le plaisir qui est la principale tendance humaine. Finalement elles dépassent cette étape et commencent à ressentir : « Bon, franchement, tout cela est bien vide. Je croyais que le plaisir était très important, j'en avais fait le but de ma vie. » Puis elles traversent toutes sortes de situations compliquées : « Ce n'est pas aussi génial que je croyais. Je m'ennuie. Quoi que je fasse, je m'ennuie toujours. Et parfois, en plus, je suis malheureux. » Ces âmes sont en train d'évoluer. Elles s'intéressent à la religion, ou mieux encore, à la spiritualité. Elles veulent faire l'expérience de la béatitude, acquérir la connaissance divine, atteindre l'immortalité. Alors elles se mettent à pratiquer une *sadhana*. Elles rencontrent un mahatma, un saint. Et elles commencent à voir Dieu à l'intérieur d'elles-mêmes.

À ce stade-là, ou bien on suit la voie de la dévotion et on se fond en Dieu, on se remplit de Dieu, ou bien on choisit la voie de la connaissance et on se remplit du Soi. L'hindouisme affirme que vous êtes *Brahman*, et finalement, ce que les autres religions disent revient au même. Toutes les religions sémitiques, le judaïsme, le christianisme, l'islam ont également leur tradition mystique qui enseigne que nous devons atteindre l'union avec Dieu. C'est la même chose que de réaliser son unité avec *Brahman*.

Mais combien de gens sur cette planète s'intéressent à cela ? Très peu. À qui la faute ? À personne. Peut-être est-ce la faute de Dieu ? D'accord, en supposant que Dieu puisse être fautif, qu'est-ce que vous allez faire ? Aller le trouver pour vous plaindre ? Lui intenter un procès ? Cela ne va rien régler, même si c'est la faute de Dieu.

Alors, que devons-nous faire ? Voilà la situation. Nous voulons être heureux pour toujours. Nous n'y arrivons pas par des moyens limités. Nous avons entendu dire par des êtres comme Amma que le véritable bonheur est à l'intérieur de nous, qu'il est possible d'en faire l'expérience. Ainsi nous devons pratiquer une *sadhana* et évoluer jusqu'au moment où nous atteindrons cet état. En attendant, il nous faut continuer à renaître encore et encore jusqu'à ce que nous réalisions Dieu. Personne n'est fautif. Tant qu'il reste un désir dans notre cœur concernant autre chose que le Soi ou Dieu, nous devrons revenir dans ce monde bien des fois, pour le satisfaire, pour apprendre nos leçons avant de finalement nous fondre dans la Vérité.

La prière de Saint François - 1

(cassette 21)

Notre rencontre d'aujourd'hui est consacrée à la fête de Noël. Depuis cinq ou six ans, nous proposons un *satsang* spécifique à Noël, à partir de la lecture d'un passage de la Bible, en essayant d'expliquer la signification profonde des paroles du Christ. Le Christ était un authentique *Jnani*. Il était un avec la Réalité suprême. Il a souvent parlé de cette unité, de la réalisation du Soi, de l'union avec Dieu. Les années précédentes, nous avons parlé de sa vie et lu des passages du Nouveau Testament. Cette année, en réfléchissant au *satsang* d'aujourd'hui, j'étais dans l'embarras parce que j'avais l'impression qu'il n'y avait plus grand chose à ajouter et je ne voulais pas me répéter. Pendant deux ou trois jours j'ai cherché un sujet à aborder. Quand le mental ne me fournit pas de réponse, je me réfugie en Amma. Si le mental fonctionne correctement, je l'utilise, mais s'il ne marche pas, alors je n'ai pas d'autre choix que de demander à Amma, d'aller l'embêter pour ainsi dire.

Donc, hier matin, je lui ai adressé une prière : « Amma, je ne sais pas du tout quel sujet aborder demain. Éclaire-moi. » J'étais assis à une table, et sur cette table se trouvaient quelques magazines arrivés par la poste. Comme vous pouvez l'imaginer, nous recevons beaucoup de magazines. Alors que je feuilletais distraitement l'un d'eux, je suis tombé sur un article au sujet de la méditation et j'ai commencé à le lire. J'étais curieux de voir les idées qui seraient exprimées. L'auteur pensait que l'une des meilleures façons de commencer à méditer était de lire la « Prière de Saint François d'Assise ». Comme je connaissais vaguement la Prière de Saint François, cela a fait tilt. J'ai demandé si quelqu'un avait le texte de cette prière et j'ai appris que, bien entendu, elle était affichée dans l'une des chambres. En la lisant, j'ai été frappé de voir que c'était un sujet de *satsang* parfait. Je n'y aurais jamais pensé tout seul. Cela a été une sorte d'enseignement pour moi.

Aujourd'hui c'est Noël et plus tard, nous célébrerons aussi Shivaratri. Il existe tant de fêtes religieuses. Elles sont l'occasion de nous réveiller spirituellement. C'était la raison d'être des fêtes religieuses, à l'origine. Elles offraient la possibilité de prendre du recul par rapport à la vie matérielle, à l'existence dans ce monde et de trouver quelque profondeur, de devenir plus sérieux et de s'intérioriser à nouveau. Selon moi, le véritable sens de Noël est d'entrer dans l'esprit de la spiritualité. Cela ne se réduit pas à avoir un sapin couvert de babioles et de guirlandes qui clignotent. La vraie signification est de se souvenir de la naissance d'un grand mahatma, d'un avatar. Nous voulons aussi élever notre conscience jusqu'à la sienne, jusqu'à la conscience de Dieu. Nous voulons savourer la félicité. Voilà pourquoi nous célébrons Noël, pas seulement pour offrir des cadeaux et se retrouver pour festoyer.

La spiritualité doit devenir une réalité

À un moment ou à un autre, dans cette vie ou dans la prochaine, chacun atteindra un point de non-retour où la spiritualité deviendra une réalité. La spiritualité devient notre seule réalité lorsque nous cessons de savourer aussi intensément les plaisirs de ce monde. Après cela, les seules choses qui aient un sens sont le but spirituel et les principes spirituels. Si nous lisons, nous lirons des ouvrages traitant de la vie spirituelle et des enseignements spirituels. Il y a plusieurs raisons à cela. C'est peut-être dû au fait que notre *karma* passé est en train de changer ; il mûrit, si bien que nos goûts se modifient ou que notre compréhension et notre maturité spirituelle s'affirment. Ou bien c'est dû à la bénédiction d'un mahatma. Un mahatma n'est pas forcément vivant, il peut avoir quitté le monde physique et vivre sur des plans d'existence subtils. Un tel être peut nous avoir bénis.

J'ai personnellement eu ce genre d'expérience. Je menais la vie typique d'un Américain moyen. Un jour, j'ai lu un ouvrage sur un saint et je n'ai pas compris ce qui m'est arrivé. J'ai changé totalement du jour au lendemain. Je ne sais pas d'où c'est venu. Je ne m'étais jamais intéressé à la spiritualité auparavant. S'il ne s'était agi que d'une coïncidence, les choses seraient sûrement redevenues normales dès le lendemain. Mais non. Le changement a persisté, même jusqu'à aujourd'hui. Alors d'où est venue cette métamorphose ? Je ne sais pas. Peut-être était-ce le karma, peut-être la grâce de quelque mahatma, ou bien seulement la grâce de Dieu qui est toujours là, en chacun de nous.

L'éveil spirituel entraîne bien des problèmes

Une fois que cela arrive, que ce genre d'éveil se manifeste, personne ne peut y résister. Beaucoup tentent de le faire. Pourquoi ? Parce que cela occasionne bien des difficultés. Cela va plutôt à l'encontre du cours normal des choses. Regardez par exemple la vie d'Amma. Qu'est-il arrivé lorsqu'elle a commencé à agir de façon vraiment spirituelle ? De toute évidence, nous ne pouvons pas réellement la prendre en exemple dans la mesure où elle n'a pas changé depuis sa naissance. Mais au moins dans sa *lila*, sa vie extérieure, que s'est-il passé ? Elle est devenue plus profondément spirituelle, et puis excessivement spirituelle. Les villageois ont réagi. Sa famille a réagi. Quel mal faisait-elle ? De son point de vue, elle ne faisait rien de mal. Elle aimait simplement tout le monde avec la même force et traitait chacun comme s'il était son enfant. Mais dans un petit village de pêcheurs en Inde, les filles ne doivent pas se comporter comme ça. Elles ne doivent pas serrer contre elles tous ceux qui viennent à elles ! Même ici, elles ne le font pas. Alors elle a dû faire face à une grande résistance qui a entraîné beaucoup de colère et de haine.

Et le Christ ? La même chose lui est arrivée. Tout le monde l'aimait. C'était quelqu'un de tellement doux. Mais ensuite il s'est mis à énoncer toutes ces vérités désagréables à propos de la réalisation de Dieu, de l'abandon de soi et du renoncement… Alors que s'est-il passé ? Ceux qui le suivaient l'ont écouté et compris. C'était une révélation pour eux. Mais les autres se sont mis à le haïr et sont devenus ses ennemis. Il a dit : « *Pensez-vous que je sois venu sur Terre pour apporter la paix ?* » Nous avons une image de lui, assis avec un agneau dans les bras. C'est le paisible berger. C'est une représentation de Jésus. Mais il y en a d'autres, où on le voit sur la Croix, souffrant, crucifié, et le corps dans la douleur.

Il dit : « *N'allez pas croire que je sois venu apporter la paix sur Terre. Je ne suis pas venu apporter la paix, mais bien la division.* » Que veut-il dire ? En affirmant sans détour tant de vérités, il a semé la division. Par exemple ses disciples ont tout laissé. C'étaient des pêcheurs qui se contentaient d'attraper des poissons. C'étaient des gens ordinaires. Il marche dans la rue et leur dit : « *Suivez-moi.* » Bon, imaginez que vous êtes quelque part dehors et que quelqu'un arrive vers vous et vous dise : « *Viens, suis-moi. Je te ferai pêcheur d'hommes.* » Que feriez-vous ? Vous penseriez : « Il est cinglé. » Mais eux n'ont pas réagi ainsi. Parce que c'était leur destin de le suivre. Ils lui appartenaient. Alors ils ont tout quitté. Mais que de soucis pour leur famille!

Même la famille de Jésus a connu des problèmes quand il a tout quitté pour embrasser sa mission universelle. Quand sa mère est venue le voir, les gens ont dit : « Voici que ta mère et ton frère cherchent à te parler. » Il a demandé : « *Qui est ma mère et qui est mon frère ? Quiconque fait la volonté de Dieu est ma mère, est mon frère.* » Il a énoncé ces grandes vérités. En fait, qui sont notre mère et notre frère, et qui est notre père ? Réfléchissez-y. Nos parents ont été les instruments de notre naissance en ce monde, mais qui est véritablement notre mère et qui est notre père ? Nous sommes tous frères et sœurs. Même nos parents sont en réalité nos frères et sœurs. Si vous y réfléchissez bien, Dieu est la Mère ; Dieu est le Père, la Mère et le Père Divins. Ainsi sommes-nous tous frères et sœurs, nous sommes tous les enfants de Dieu. C'est une illusion de considérer les choses autrement.

Il a donc créé des problèmes et les gens se sont retournés contre lui à cause des vérités désagréables qu'il exprimait. L'autre jour, j'ai lu un article intitulé : « Le Yoga a détruit ma vie. » C'était très intéressant. Le reportage racontait l'expérience d'un homme qui faisait partie de la haute société de Los Angeles et qui vivait à Hollywood. Pour des raisons de santé, il s'est mis au *hatha yoga*. Il a commencé à pratiquer les postures de yoga, les *asanas*. Une fois qu'il s'est senti à l'aise dans sa pratique et qu'il a savouré la subtilité de l'expérience, il a remarqué que le yoga détruisait petit à petit son ancien mode de vie, avec ses habitudes, les fêtes, la boisson, le tabac. Et progressivement, tout le monde a cessé de s'intéresser à lui. Ses amis l'appelaient et lui proposaient : « Allons au restaurant. » Et il répondait : « D'accord ! Je connais un restaurant végétarien sympa… » Alors ils disaient : « Végétarien ? Tu es végétarien ? Tant pis, retrouvons-nous alors pour un café. » Et il répondait : « Je ne bois plus de café maintenant… » Et click, on raccrochait. Peu à peu, tous ses amis ont disparu. Sa famille s'est également désintéressée de lui.

Finalement, il a compris que pour lui, le vrai bonheur consisterait à fréquenter des gens qui s'intéressaient au yoga et à la vie spirituelle. Voilà ce qui arrive, c'est dans la nature des choses. Cela peut devenir grave comme dans le cas d'Amma. Les problèmes ont continué même après qu'elle ait été chassée de la maison familiale et vécu dehors sous les arbres. En fait, des gens ont essayé de l'assassiner. Et tout cela à cause de sa spiritualité ! Et dans le cas du Christ, ils ont réussi à le tuer. Donc ce n'est pas une mince affaire. Mais Amma certifie que les mahatmas permettent que cela leur arrive. Ils ne sont pas impuissants face aux circonstances. Et dans le cas du dévot, Dieu prend soin de tout. Même s'il arrive qu'en apparence il souffre, Dieu le réconforte intérieurement.

Le Christ dit : « *La lumière a brillé dans les ténèbres et les ténèbres ne l'ont pas reçue. La lumière est venue dans le monde et les hommes ont préféré les ténèbres à la lumière, car leurs actions étaient injustes. Car quiconque commet l'injustice hait la lumière et ne vient pas vers la lumière de peur que ses actions soient découvertes.* »

Lorsqu'une personne devient profondément spirituelle, pourquoi les gens en viennent-ils à la rejeter ? Pourquoi y a-t-il tellement de réticence, de discorde et de division, comme dit le Christ ? C'est parce que les chercheurs spirituels sont du côté de la Lumière Divine, la Lumière de la Conscience et cela met très mal à l'aise ceux qui commettent des mauvaises actions, car cela les démasque.

Maya ne veut pas nous lâcher

On peut aussi envisager ce rejet de la spiritualité en fonction de *Maya. Maya* (l'illusion) veut nous retenir. *Maya* ne veut lâcher personne. Dès notre naissance en ce monde, nous devenons non seulement les enfants de Dieu, mais aussi les enfants de *Maya*. Nous nous mettons à tourner et à danser sur sa musique. Quand

la Lumière Divine fait irruption dans notre vie, *Maya* déclare :
« Attends ! Je ne vais pas te lâcher comme ça. Je m'amuse bien
avec toi. Tu es l'une de mes marionnettes. » Alors elle parle par la
bouche des uns et des autres pour nous dissuader d'entreprendre
le voyage qui nous fait la quitter afin de retourner vers Dieu.
Maya n'est pas un être séparé. C'est simplement la force
d'ignorance dans la Création. Elle vient de Dieu. Le fait que nous
devions lutter contre elle n'est pas la volonté d'un Dieu cruel,
mais plutôt l'occasion de trouver en nous la force de dépasser nos
limites. Comment nous laissons-nous prendre par *Maya* ? Les
Écritures anciennes disent qu'à un certain moment, personne
ne sait au juste quand, nous faisons le choix de nous séparer de
l'océan de béatitude, c'est à dire Dieu, pour courir après les plaisirs
matériels. Ensuite nous plongeons dans cette façon de vivre et de
penser et nous en perdons notre force spirituelle. Nous devenons
les enfants de *Maya*. Une fois que c'est arrivé, nous devons nous
sortir de là, par la grâce de Dieu ou par la grâce d'un saint ; cela
demande beaucoup de force. C'est un combat, c'est la *sadhana*,
c'est le *tapas*, c'est la vie spirituelle. Ce n'est que justice qu'il en
soit ainsi. Nous devons refaire à l'envers le chemin que nous avons
parcouru à l'aller.

La vie des dévots nous inspire

Vous savez d'où vient le nom de la ville de San Francisco ? Du
saint italien François d'Assise. Il avait une disciple appelée Claire.
La ville de Santa Clara où demeurent beaucoup d'entre vous a
emprunté son nom à Sainte Claire. La vie de Saint François est
très instructive, autant que celle du Christ, parce qu'elle est le reflet
d'un véritable disciple qui avait un vrai gourou. Parfois la contemplation de la vie du disciple se révèle plus profitable aux dévots
que celle du gourou. Lorsque nous découvrons quelles épreuves

un disciple a dû passer, cela nous inspire et nous guide de façon concrète. Saint François a traversé tant de souffrances. Il a fait l'expérience d'un éveil soudain et tous les gens qu'il connaissait se sont opposés à lui. Il a dû faire face à beaucoup de problèmes, il en a souffert et il en est sorti vainqueur. Sa victoire a été la réalisation de Dieu. Il est retourné à la Source et s'est fondu en elle.

Seigneur, fais de moi un instrument de ta paix
Là où il y a la haine, que je sème l'amour,
Là où il y a l'offense, que je sème le pardon,
Là où il y a le doute, que je sème la foi,
Là où il y a le désespoir, que je sème l'espérance,
Là où il y a les ténèbres, que je sème la lumière,
Là où il y a la tristesse, que je sème la joie,
Ô Maître Divin, accorde-moi de ne pas chercher tant
À être consolé, qu'à consoler
À être compris, qu'à comprendre
À être aimé, qu'à aimer
Car c'est en donnant que nous recevons
C'est en pardonnant que nous sommes pardonnés
C'est en mourant que nous naissons à la vie éternelle.

Les saints rendent leur lieu de vie sacré

Assise est le lieu où François est né, il y a huit cents ans environ. Amma affirme que François était un saint authentique, un grand saint, et elle ne dit pas cela de beaucoup de gens. Aujourd'hui encore, on peut sentir sa présence là-bas. Que ressent-on lorsqu'on se trouve dans l'aura d'un saint ? La paix. C'est ce que vous ressentez lorsque vous vous trouvez à l'endroit où il vivait, à côté de sa tombe, dans l'église où il a passé le plus clair de son temps, et aux alentours.

Quand une grande âme vit longtemps quelque part, la paix demeure en ce lieu pendant des siècles. Si ses dévots font des pratiques spirituelles et cultivent leur dévotion à cet endroit, la présence de ce saint reste vivante. Amma explique qu'ainsi, les temples conservent leur énergie. Un mahatma comme Amma transmet sa force de vie à l'image qui représente Dieu et ensuite l'énergie y reste, l'énergie spirituelle. C'est cette énergie qui nous apaise quand nous nous approchons de l'idole. Elle facilite notre concentration et nous réconforte. Mais Amma précise que si l'on n'y accomplit pas de *poujas*, cette énergie se dissipe peu à peu. On doit y effectuer des rituels, on doit y exprimer la dévotion. Alors l'énergie de paix continue à se développer, à se renforcer et elle devient une force extrêmement puissante.

La vie de François avant qu'il ne devienne saint

La vie de François est très intéressante. C'était le grand fêtard d'Assise. Il se prenait pour un dandy. Il était « cool ». Il faisait continuellement la fête, sortait toujours tard le soir, chantait et buvait dans les rues. Il voulait devenir chevalier pour avoir une armure scintillante. Il était très romantique. Il rêvait de porter un uniforme brillant, de se battre, de tuer des ennemis et ensuite de devenir si célèbre que tous les gens se mettraient en quatre pour pouvoir le servir. C'était une noble aspiration. C'est du moins ce qu'il pensait. L'occasion s'est présentée quand la guerre a éclaté non loin d'Assise. Il a reçu une armure, et son père qui était un riche marchand d'étoffes, lui a offert un cheval. Une fête genre « réception d'adieu » a été organisée. Je ne sais pas pourquoi ils se réjouissaient, parce qu'en fait, ils l'envoyaient se faire tuer, mais ils pensaient que c'était grand et noble d'aller faire la guerre.

Au cours de cette guerre, François a été capturé et jeté en prison. Il y est resté assez longtemps et est tombé très malade.

Finalement il a été relâché, et de retour à Assise, il s'est écroulé devant chez lui. Il est resté dans le coma pendant plusieurs mois. Quand il est revenu à lui, il a ressenti une désillusion : « Comme ma vie a été vide et vaine jusqu'à présent ! À quoi bon vivre comme cela ? Qu'est-ce que j'ai accompli ? Quel était mon but ? J'ai failli mourir et à quoi aurait servi ma vie ? Aujourd'hui je suis là et demain je serai parti. Qu'ai-je réalisé ? »

Il s'est mis à se poser beaucoup de questions et à passer beaucoup de temps avec les fleurs dans les champs et dans les bois, Il adorait les fleurs, les petits animaux et les oiseaux, et il leur parlait à tous. Ce qui fait beaucoup penser à Amma. Quand elle était jeune, elle faisait la même chose. Elle passait son temps, non pas avec des amies, mais en compagnie des vaches, des chiens, des chats et des oiseaux. Les oiseaux dansaient devant elle, la vache lui offrait son lait, le chien lui servait d'oreiller. J'ai vu Amma prendre un chien comme oreiller. Il lui arrivait de poser la tête sur une vache comme sur un oreiller. Ça fait un gros oreiller ; vous savez bien que les enfants adorent les gros oreillers !

Celui qui auparavant rêvait de tuer l'ennemi est soudain devenu un enfant innocent. Qui sait d'où vient une telle transformation ? Sri Ramakrishna Parahamsa donne l'exemple suivant : Sur un terrain envahi par les herbes existe une source. Un jour, en fauchant, quelqu'un débouche la source et l'eau se met à jaillir. On s'exclame : « Mais d'où vient donc cette eau ? » Elle était déjà là. On lui a simplement permis de couler à l'extérieur.

De la même façon, nous sommes tous des saints potentiels. Pas seulement potentiels. Tout le monde finit par le devenir. La destinée ultime de chaque être humain est l'état de sainteté. Une fois que vous avez obtenu une naissance humaine, quel état plus élevé pouvez-vous atteindre ? Quel est le but de la vie humaine ? C'est de devenir saint. Imaginez les gens qui se mettent à vous appeler Sainte Sonia ou Sainte Annie ou Saint Luc ! Le but de la vie est de devenir un avec Dieu, de devenir, comme Amma, un instrument du pouvoir divin. Ne pensez pas que c'est impossible. C'est vers cela que vous vous dirigez, et un jour ou l'autre, vous êtes destiné à devenir saint ou sainte, que ça vous plaise ou non. Donc François a tout d'un coup reçu cet éveil spirituel. Et que s'est-il passé ensuite ? La première chose qui est arrivée, c'est que son père a cru qu'il était fou. Tout le monde a cru qu'il était devenu fou ! « Qu'est-ce qu'il fabrique donc, toute la journée dehors, dans les champs, à parler aux fleurs et aux animaux, au lieu de travailler dans le magasin de son père ? » Le père en question était un tantinet en colère.

Comme François ressentait beaucoup de compassion envers les employés de son père, il est devenu très ami avec eux et a essayé de leur rendre service et de les aider. Mais cela a eu pour résultat qu'ils ne faisaient plus le travail qu'ils étaient censés accomplir et le père est devenu furieux. Il a roué François de coups : « Est-ce ce genre de fils que j'ai engendré, un idiot, un bon à rien ? Tu ferais mieux de m'aider dans mon travail au lieu de me mettre des bâtons dans les roues. »

Ensuite, François a commis une très mauvaise action (du point de vue de son père). Un jour que ce dernier était absent, François est monté dans la réserve où l'on entreposait tous les rouleaux d'étoffe et il s'est mis à les jeter par dizaines dans la rue, en criant : « Venez tous, prenez en autant que vous voulez et distribuez les à tous les pauvres. » Il y avait beaucoup de miséreux et il voulait qu'ils aient de quoi se couvrir. Il pensait : « Pourquoi est-ce que mon père garde tous ces tissus là-dedans ? Il n'a pas besoin de tout ça. » Il voulait partager avec tous. Aux yeux du monde, il manquait complètement de sens pratique.

Quand son père a découvert ce qui se passait, il l'a attrapé pour le traîner chez l'évêque responsable de la région. Pourquoi ? Parce qu'il pensait : « Je ne veux plus de ce bon à rien. Il fait toujours des choses comme ça. Il n'est plus mon fils. Je vais le renier, le déshériter et récupérer tout l'argent qu'il a jeté par la fenêtre. »

Le renoncement de François

Le père s'est plaint à l'évêque : « Je veux renier et déshériter ce garçon et qu'il me rende tout ce qu'il a pris. » L'évêque a demandé à François : « Que veux-tu faire ? » François a répondu : « Ma vie n'est faite que pour Dieu, pas pour le monde. » Puis il s'est déshabillé, s'est approché de son père avec ses vêtements à la main, les lui a tendus avec tout l'argent qu'il avait sur lui et a dit : « Désormais je ne suis plus ton fils et je n'ai rien sur moi qui vienne de toi. Je te rends tes vêtements et ton argent, et à partir d'aujourd'hui, je suis le fils de Dieu, je ne suis plus le tien. » Ensuite il est sorti de la ville complètement nu.

Son père a senti la honte l'envahir mais tous les autres, y compris l'évêque, se sont mis à applaudir très fort. Pourquoi ? Parce que, quand quelqu'un est vraiment inspiré par Dieu, les gens le perçoivent. Ils ne peuvent s'en empêcher, quelle que soit la façon dont ils comprennent intellectuellement la situation. Cela concerne la Vérité Éternelle qui réside en chacun et cela fait écho à l'intérieur. Donc ces gens se sont mis à applaudir. Ils n'ont pas osé s'approcher de François parce qu'il semblait très bizarre, mais malgré tout, ils ressentaient que quelque chose de divin se passait. L'évêque a couvert François de sa cape, mais celui-ci n'en a pas voulu. Il l'a jetée et il est parti. Il brûlait du feu du renoncement.

Où est-il allé ? Il y avait une chapelle en ruines aux environs d'Assise. Au hasard de ses vagabondages, il y était entré un jour et avait réfléchi : « Que vais-je faire de ma vie ? Je ne suis ni un homme du monde, ni un homme de Dieu. » Alors il avait levé les yeux vers le Christ sur la croix et s'était mis à prier : « Que suis-je destiné à faire ? » Il avait alors ressenti que le Christ lui répondait : « *Sois mon serviteur et reconstruis cette église.* » Et cela l'avait profondément ému. Il était certain d'avoir entendu ces paroles et d'avoir vu les lèvres du Christ bouger. C'est donc vers cette chapelle qu'il s'est dirigé.

C'était l'hiver, pourtant de quoi s'est-il vêtu ? Il a trouvé un sac à patates. Vous savez comment c'est fait ? Un sac pour stocker des pommes de terre ou des céréales, en jute, un sac en toile très grossière. Il n'avait même pas de ceinture. Il a juste pris un bout de ficelle et se l'est nouée autour de la taille. Il n'avait pas de chaussures. Il mendiait sa nourriture. Pourquoi ? Parce qu'il sentait que le Christ était son gourou et qu'il devait suivre la voie de l'austérité et du renoncement comme le Christ l'avait fait.

Que signifie « la vie éternelle » ?

Que dit Jésus ? Vraisemblablement, c'est à l'épisode suivant que François pensait quand il a renoncé à tout. Un jeune homme s'est présenté devant le Christ et lui a demandé : « Que dois-je faire pour atteindre la vie éternelle ? » Quand les gens parlent de « vie éternelle », ils croient probablement que le corps physique va vivre pour toujours et qu'ils vont atteindre sur Terre, l'âge de cinq cents ans ou d'un million d'années, tout en restant jeunes et en continuant à faire éternellement ce qu'ils font pour le moment.

Mais quand Jésus parle de « vie éternelle », il se réfère à la Conscience Divine, à la réalisation du Soi ; voilà ce qui est éternel. Le corps physique va mourir, c'est sûr, le corps de tout le monde meurt, mais l'âme est éternelle. L'expérience d'être la conscience, voilà ce qu'on appelle « la vie éternelle ». Donc, quand le jeune homme a demandé : « Que dois-je faire pour obtenir la vie éternelle ? », le Christ lui a répondu : « *Suis les commandements, aime ton père et ta mère, ...*» etc. Alors le jeune homme a répliqué : « Je pratique cela depuis mon enfance. Mais que n'ai-je pas fait jusque là qui m'a empêché d'atteindre la vie éternelle ? » Jésus a poursuivi :

> « *Si tu veux être parfait, vends tout ce que tu possèdes, donne tout aux pauvres et tu recevras alors un trésor au paradis. Puis viens, suis-moi.* »

Que voulait-il dire ? Qu'il trouvera, après sa mort, un gros sac rempli d'or et de bijoux là-haut, dans les cieux ? Non, il voulait dire que le jeune homme se sera enrichi spirituellement, qu'il aura purifié le mental de son égoïsme, qu'il aura obtenu l'esprit de renoncement, la foi et d'autres qualités spirituelles. « Mais quand le jeune homme a entendu cela, il s'est éloigné rempli de chagrin, car il avait beaucoup de biens. » Autrement dit, il était très fortuné. C'était le fils d'un homme riche. Il s'est senti profondément triste parce qu'il était incapable de renoncer à sa fortune; il était trop attaché à ses biens. Il voulait « avoir le beurre et l'argent du beurre », comme on dit.

Ensuite Jésus a dit à ses disciples :

> « *En vérité, je vous le dis, il est plus facile à un chameau de passer par le trou d'une aiguille qu'à un homme riche d'entrer dans le royaume des Cieux.* »

Pourquoi ? Où se trouve le royaume des Cieux ? Où pensez-vous qu'il se trouve ? Est-ce que quelqu'un a une idée ? (Réactions du public) En Amma ? Oui, bonne réponse ! Et où est Amma ? (Réactions du public) À Amritapuri. Alors, c'est là que se trouve le royaume des Cieux ? Où se situe le véritable Amritapuri (l'ashram d'Amrita) ? À l'intérieur de vous !

C'est ce que dit le Christ : « Le royaume des Cieux est en vous. » Où ça, en moi ? Il y a beaucoup de médecins dans la salle qui ont dû faire de la chirurgie. Combien de royaumes des Cieux avez-vous vus quand vous avez opéré vos patients ? À l'intérieur de « vous » signifie à l'intérieur du mental, dans le sentiment du « je » ou du « moi », dans votre cœur, dans votre être, dans votre existence. Si vous regardez profondément en vous, vous atteindrez le noyau de votre être, la source de vos pensées, le sentiment du « moi ». Lorsque vous atteignez cela, vous trouvez le paradis, un lieu de paix, de félicité, de vie. De là vient la force de vie du corps, et c'est ce qu'on appelle « la vie éternelle ».

Les gens qui font des efforts intenses pour devenir riches développent un mental très extraverti. Ils n'arrivent pas à se tourner vers l'intérieur d'eux-mêmes. Le mental est devenu comme un bouchon en liège. Essayez d'en enfoncer un sous l'eau. Que se passe-t-il ? Le bouchon persiste à remonter à la surface. Vous pouvez toujours essayer, il continuera à remonter. Si vous voulez qu'il reste sous l'eau pendant un instant, vous devez l'y maintenir. Dès que vous relâchez votre pression, il remonte à la surface.

Le mental est ainsi fait. Si nous sommes d'un tempérament très extériorisé, si nous passons toute notre vie à gagner de l'argent, comment pouvons-nous atteindre le royaume des Cieux à l'intérieur ? Ce n'est pas que les gens qui gagnent de l'argent sont bannis du royaume des Cieux. Non, ce n'est pas ça. Ce n'est pas qu'au portail du royaume il y ait un écriteau sur la porte disant : « Si vous êtes riches, laissez tomber. Vous ne pouvez pas entrer. Seuls les pauvres sont admis ici. » Non, mais vous serez incapables d'amener le mental à se calmer. Vous ne serez pas capables de vous intérioriser. Vous ne serez pas capables d'atteindre le cœur de vous-mêmes parce que vous aurez passé tout votre temps à regarder à l'extérieur. C'est ce que Jésus veut dire.

Renoncez et n'attendez rien en retour

Et ensuite, Pierre, l'un des principaux apôtres, a dit au Christ : « Nous avons tout laissé pour te suivre. Que recevrons-nous en retour ? » C'est une question bizarre. Bien qu'ils aient tout laissé, ils n'ont pas vraiment tout abandonné. Ils ont soi-disant quitté ce qu'ils appellent « tout », c'est-à-dire les choses matérielles, mais ce disciple-là en tout cas nourrissait certaines attentes. C'est comme s'il disait : « J'ai renoncé à tout, j'espère bien obtenir quelque chose en échange. » Mais ce n'est pas pour cette raison que vous quittez tout. Vous laissez tout uniquement parce que vous sentez que c'est un grand fardeau, une grande source de distraction. Et non parce que vous espérez obtenir plus après avoir investi tout ce que vous possédiez. Alors Jésus lui a répondu :

« Quiconque, par amour pour moi, quitte sa maison, son frère, sa sœur, son père, sa mère, son épouse ou ses propriétés, en recevra le centuple et héritera de la vie éternelle. »

Celui qui quitte tout par amour pour Dieu recevra beaucoup, bien plus que ce à quoi il a renoncé.

L'autre jour quelqu'un racontait que pour venir vivre ici, il avait renoncé à un emploi bien rémunéré. Il est venu ici à l'ashram parce qu'il sentait vraiment que c'était essentiel pour sa vie, il a donc renoncé à son gros salaire, il a accepté un emploi moins bien rémunéré et à partir de ce moment-là, il s'est senti heureux. Quelques semaines après son embauche, son patron lui a dit : « Vous savez, vous faites un excellent travail. Nous devrions vous augmenter. » Maintenant il gagne plus d'argent que dans son emploi précédent. Il faut donc y croire. C'est l'expérience de tous les dévots. Ceux qui ont renoncé à quelque chose, quoi que ce soit, reçoivent en retour cent fois plus, mille fois plus, et en outre, la Conscience Divine s'éveille en eux car leur détachement permet au mental de s'apaiser. Non seulement vous recevez bien plus sur le plan matériel, mais vous recevez aussi bien plus sur le plan spirituel.

Pourquoi parlons-nous de cela ? Parce que François connaissait cet enseignement et qu'il a décidé de le mettre en pratique jusqu'au bout : « De quoi ai-je besoin ? Tout ce dont j'ai besoin, c'est d'un bout de chiffon, un sac de jute pour me couvrir. » Il voulait vraiment être disciple du Christ, et c'est ainsi que le Christ agissait. La seule chose qu'il possédait, c'était le vêtement qu'il portait. Il n'avait pas même d'endroit pour dormir, il n'avait rien à lui. Tels étaient aussi les premiers disciples. Ils ne possédaient rien. Jésus leur a dit : « Partez sans rien et ne vous souciez pas du lendemain. »

Après cela, les choses ont commencé à se gâter pour François, et les anciens du village se sont mis en colère. Pourquoi ? Parce que tous les jeunes gens tombaient sous le charme de ce fou qui vivait dans une chapelle du voisinage et qui mendiait sa nourriture.

Voyez combien de gens et particulièrement de jeunes sont attirés par Amma. Ils sont nombreux à ressentir le charme de la vérité et d'une vie simple et spirituelle. Chaque fois qu'un renonçant authentique apparaît, le même phénomène se manifeste. Beaucoup de gens se sentent attirés par lui.

Et donc toute la fine fleur d'Assise, tous les jeunes gens ont quitté le village pour aller vivre avec François. Ils mendiaient leur nourriture et reconstruisaient l'église, et pour cela, ils s'en allaient quémander aussi des pierres et du mortier, pieds nus, vêtus d'un sac de jute. Ils étaient si heureux ! Parfois ils avaient faim, mais ça ne les empêchait pas d'être heureux. Seul celui qui vit de cette façon comprend ce genre de contentement. Nous croyons que le confort, la sécurité et les relations humaines sont une grande source de bonheur, mais le bonheur du renoncement est infiniment plus grand.

À un moment donné, les anciens du village se sont regroupés et sont partis mettre le feu à l'église. Ils ont même tué l'un des moines. François s'est demandé : « Est-ce que ce que je fais est juste ou non ? Après tout, voilà qu'on a tué quelqu'un, peut-être est-ce le signe que ce que je fais est mal. Tout le fruit de notre dur labeur a été réduit en cendres, il se peut donc que Dieu ne nous ait pas donné sa bénédiction. Peut-être devrions-nous aller voir le pape à Rome, (Cela se passait en Italie, Rome n'était pas si loin), pour lui demander sa bénédiction et son opinion. »

François va voir le pape à Rome

C'était une équipe hétéroclite que ces huit ou dix personnes revêtues de sacs qui marchaient pieds nus et se rendaient à Rome. Ils sont donc arrivés. Est-ce que quelqu'un parmi vous a déjà été à Rome ? Au Vatican ? C'est grandiose. Une splendeur digne du paradis. Quand j'étais adolescent, j'ai eu la chance d'y aller et je suis resté bouche bée. C'était fantastique ! Des sculptures et des peintures magnifiques, Michael Ange, Léonard de Vinci, et des cathédrales hautes comme des montagnes. C'était vraiment impressionnant !

On ne sait pas trop comment, ils ont réussi à obtenir une audience. Le pape était assis là comme un roi au fin fond de cette énorme église, immense, belle, grandiose comme un palais. Il se trouvait sur un trône, habillé de vêtements en or et toute la Cour était rassemblée autour de lui.

Alors ces mendiants bien sales sont entrés. Tandis qu'ils s'approchaient du pape, ils laissaient des empreintes poussiéreuses sur le beau sol en marbre et sur leur passage, on s'écriait : « Oh, mais c'est terrible ! Qui sont ces gueux qui sentent si mauvais ? »

François a regardé autour de lui et s'est demandé : « Est-ce cela que Jésus a enseigné ? Aurais-je mal compris ? » Il a dit au pape : « Nous avons formé ce groupe et nous ne sommes pas sûrs d'agir correctement. Voilà les règles que nous avons établies et nous souhaitons recevoir votre bénédiction. » Le pape a répondu :

« Ces règles vous conviennent peut-être, mais je ne crois pas que tout le monde puisse vivre de cette façon et il est possible que vous n'agissiez pas correctement. Je vais y réfléchir. Revenez dans quelques jours. » Alors ils ont tourné les talons et sont sortis. Cette nuit-là, le pape a rêvé que le Vatican allait s'écrouler. Il commençait à s'effondrer. Il penchait dangereusement et semblait prêt à tomber. Quelqu'un est arrivé et s'est mis à repousser les murs, a poussé et poussé jusqu'à ce qu'ils soient redressés et d'équerre. Cet homme qui soutenait les murs était revêtu d'un sac de jute et portait une corde en guise de ceinture. Quand il s'est retourné, le pape a reconnu François ! Le lendemain, Il l'a convoqué, et François est revenu avec les autres moines. Ce pape s'appelait Innocent III, et en fait, comme le montre la suite de l'histoire, il portait bien son nom. Au vu de tous ses gens, devant sa Cour au grand complet, au milieu de tant de splendeur et de luxe, il a couru vers François, il est tombé à genoux devant lui comme un enfant. Il lui a touché les pieds et il lui a demandé sa bénédiction en disant : « Tu vis vraiment l'enseignement du Christ. » Puis il a béni François et celui-ci est rentré à Assise, heureux que son groupe soit devenu un ordre monastique officiellement reconnu.

François apprivoise un loup féroce

Un jour que François traverse un village, les gens l'abordent pour lui parler d'un loup féroce : « Ce loup ne se contente pas de se nourrir d'animaux, il dévore aussi des êtres humains. Il est énorme et nous terrifie. » François demande : « Où vit-il ? » On lui répond : « Il vit en contrebas de ce pâté de maisons. Tu peux y aller. C'est sur la droite ; au stop, tu tournes à gauche, et tu le trouveras dans le premier trou à droite. » Il se rend à l'endroit indiqué, repère le terrier et appelle : « Frère Loup, Frère Loup. » Remarquez qu'il ne dit pas : « Hé toi le loup ! » mais « Frère

Loup », c'est sa façon de s'adresser aux gens. « Frère Loup, sors de ton trou ! » Et le loup surgit en grondant ! Il est sur le point de se jeter sur François mais s'arrête net et devient doux comme un agneau. Il se prosterne devant lui et lui touche les pieds.

Vous pensez peut-être : « Quelle histoire abracadabrante ! Pourquoi est-ce que le Swami nous raconte des idioties pareilles ? Cela n'a jamais pu arriver. » Mais j'ai vu un événement identique se produire avec Amma. Ce n'était pas un loup, c'était un chien, un cousin du loup. C'était un Frère Chien. Il y avait un chien noir dans le village d'Amma et chaque soir de *darshan*, il arrivait d'on ne sait où, et quand Amma sortait du temple, il courait vers elle, mettait les pattes devant les pieds d'Amma et restait dans cette position jusqu'à ce qu'elle le cajole. La première fois que j'ai vu cela, j'ai pensé : « Le chien s'étire, c'est peut-être une coïncidence. Il baille, il est fatigué. » Mais ce chien faisait systématiquement la même chose chaque nuit de *darshan*, sans exception. Comment savait-il qui était Amma ?

Le loup aussi sait qui est François. De la même façon que le chien le sait, le loup le sait. Donc le loup avance vers François pour se prosterner. Alors François lui dit : « Frère Loup, tu te conduis en très mauvais garçon. Tu as dévoré tant de gens que tout le monde a peur de toi. Est-ce ce genre de vie qu'est censé mener un animal ? Si tu veux, tu peux manger des lapins, mais pas des êtres humains. Je ne veux plus jamais te voir faire ça. Dieu va se mettre en colère si tu continues à mal agir. » Alors le loup secoue la tête, met la patte dans la main de François, et l'y laisse jusqu'à ce qu'il la lui caresse. Ensuite François lui dit : « À partir d'aujourd'hui, et jusqu'à ta mort, les villageois te nourriront. Tu n'as plus besoin de tuer quoi que ce soit. Va de porte en porte et ils te donneront à manger jusqu'à ce que tu meures de vieillesse. »

Dès le lendemain, le loup est allé de porte en porte et les villageois l'ont nourri comme un vieil ami. Et jusqu'à la fin de sa vie, il n'a fait de mal à personne. Il est devenu la mascotte du village. Comment expliquer cette transformation ? Par le pouvoir d'un saint, par la puissance de Dieu. Cette énergie se trouve chez le loup comme en toute chose.

Les stigmates

Un jour vers la fin de sa vie, François se retire dans la nature, loin des hommes, pour méditer. Il ne veut pas être dérangé. Il se trouve sur une montagne et il voit une sorte d'ange dans le ciel qui ressemble exactement à Jésus. Il a des blessures aux pieds, aux mains et au flanc, et de ses plaies jaillissent des rayons de lumière qui frappent le corps de François aux mêmes endroits. Il tombe en extase, mais souffre aussi atrocement. Il ressent en même temps la souffrance profonde et la béatitude. Quand il revient à lui, il a des stigmates sur le corps, identiques aux marques de la crucifixion du Christ. Jusqu'à sa mort, François vit avec ces blessures très douloureuses.

Ce n'est pas du genre maquillage ou quelque chose de superficiel. Les stigmates sont tout à fait réels. François a des trous dans le corps ! Pourquoi ? C'est un don divin, mais on peut aussi dire que sa méditation sur Jésus était si intense que même le corps physique a pris l'aspect du gourou. Ce genre de chose est possible. Avez-vous déjà remarqué ce phénomène ? Observez des gens mariés depuis longtemps qui s'aiment profondément, vous verrez qu'ils se ressemblent ! On dirait plus un frère et une sœur que des époux. C'est parce que la contemplation empreinte d'amour peut transformer même le corps physique.

La mort de François

François appelle Frère et Sœur tous les éléments de la Nature. Il y a Frère Soleil, Sœur Lune, Sœur Eau et aussi Sœur Mort.

Quand l'heure de sa mort approche, il appelle tous ses frères et sœurs des différents monastères, les réunit autour de lui et leur annonce : « Sœur Mort est venue me donner un baiser, je vais donc partir. » Aujourd'hui encore, on peut visiter sa tombe et y sentir la présence divine.

Seigneur, fais de moi un instrument de ta paix

Tournons-nous maintenant vers sa prière. « *Seigneur, fais de moi un instrument de ta paix.* » Il s'agit en fait de l'essence du poème tout entier. Pourquoi la paix ? Parce que, plus que tout au monde, on souhaite la paix. Comme le dit Amma, vous avez beau vous trouver dans une pièce climatisée, si votre mental est agité, vous aurez peut-être à prendre un somnifère pour trouver la paix. Ce n'est pas ce que nous possédons, mais plutôt la paix mentale qui nous rend heureux. Une paix mentale profonde équivaut à un bonheur intense, à la félicité. C'est pourquoi François dit : « *Fais de moi un instrument de ta paix.* »

Amma aussi souhaite que nous devenions des instruments de paix. Qu'est-ce que la paix ? C'est Dieu. C'est le Soi. La paix est votre nature véritable, même si, pour l'instant, vous n'en avez pas conscience. Vous vous dites peut-être : « Qui, moi ? Je suis l'être le plus agité qui soit. Je suis incapable de méditer ne serait-ce qu'une minute. » Pourtant votre nature véritable est la paix. Elle est temporairement voilée par les pensées et les désirs. Mais quand finalement, nous faisons l'expérience de cette paix, Amma dit que nous devons la partager avec autrui.

Vous connaissez la prière « *Asatoma Sat Gamaya* ». À la fin, nous disons : « *Om Shanti, Shanti, Shanti* ». Amma explique que lorsque nous arrivons à la fin et que nous disons : « *Shanti, Shanti, Shanti* », nous devons nous fondre dans « *Shanti* », dans la paix, dans l'immobilité. Tout le monde émet des vibrations d'une qualité particulière. La paix émane de certaines personnes, tandis que d'autres dégagent une impression d'agitation. Avec nos pratiques spirituelles, nous devons apprendre à nous apaiser, à émettre des vibrations de paix, et à donner cette paix aux autres. Jésus a dit :

« Bienheureux les artisans de paix car ils seront appelés fils de Dieu »

Celui dont le mental est en paix est un enfant de Dieu. Vous pouvez aussi dire qu'un véritable enfant de Dieu a un mental paisible. En un sens, tout le monde est enfant de Dieu, mais d'un autre côté, c'est seulement lorsque le mental se remplit de Dieu, de la paix, que vous devenez réellement un de ses enfants.

Ceux dont le mental est rempli de Dieu sont des artisans de paix parce que, étant eux-mêmes paisibles, ils apaisent les autres également. Ils sont bénis parce qu'ils sont pleins de Dieu.

« Gloire à Dieu et paix sur la terre aux hommes de bonne volonté. Quand vous entrez chez quelqu'un, dites d'abord : « Que la paix soit avec vous. » Je vous laisse la paix. Je vous donne ma paix, et ce n'est pas comme le monde donne que je vous la donne. »

Voilà une parole très profonde. Après la crucifixion, le Christ apparaît à ses disciples et leur dit : *« Maintenant, je vous laisse cette paix. »*

Qu'est-ce que la paix ? La paix qu'il est lui-même, la Présence Divine, appelée aussi le Saint-Esprit. C'est la grâce divine. Donc, il dit : « Je vous laisse cette paix. Je vous donne cette paix. Je ne vous donne pas quelque chose que le monde peut donner. Je ne vous donne pas non plus de la manière dont le monde donne. Ce que le monde donne est là aujourd'hui et aura disparu demain et quelle qu'en soit la quantité, ce n'est jamais assez. Je vous donne quelque chose qui demeurera avec vous éternellement : la Paix Divine, la paix du Soi. Elle ne vient pas d'ailleurs. Je vous apaise tant que votre paix intérieure rayonnera. Ce n'est pas que je vous la donne. Par ma présence, par mon pouvoir, j'enlève les pensées qui font obstruction. » C'est cela que Jésus a dit.

« Je vous ai parlé de ces choses afin qu'en moi vous puissiez avoir la paix. Car le royaume de Dieu ne se trouve pas en mangeant et en buvant, mais dans la paix et la joie de la grâce divine (autrement dit, dans la Conscience de Dieu). »

Beaucoup pensent que lorsque le Christ parle du royaume de Dieu ou du royaume des Cieux, il parle d'un endroit vraiment épatant où vous passez votre temps à manger, à boire et à vous amuser. Mais ce n'est pas ce qu'il veut dire et il sait bien ce que les gens pensent. C'est pourquoi Il explique que le royaume de Dieu ne consiste pas à manger et à boire, mais à faire l'expérience de la paix et de la béatitude en Dieu. C'est l'expérience de la paix de l'esprit, parfaite et omniprésente. Amma dit la même chose. Qu'est-ce que la réalisation du Soi ? C'est la paix mentale éternelle et permanente, où il n'y a plus de pensées. Imaginez seulement, la conscience sans pensée, pour toujours.

C'est un état très rare, une chose très mystérieuse et très subtile. Pratiquement personne n'a cette paix. Il y a six milliards d'humains sur cette planète, et combien, à votre avis, font l'expérience de la Conscience Divine, de la réalisation de Dieu, de la paix intérieure ? Très très peu ! Pourquoi ? Parce qu'on ne connaît pas le moyen d'y arriver. C'est un processus extrêmement subtil. Seul celui qui vit en Cela peut montrer le chemin aux autres.

La paix est si importante. Elle est la nature même du Soi, de l'*Atma*. Nous devons climatiser le mental, c'est-à-dire le détendre et le calmer. Mais qu'est-ce qui perturbe la paix ? La suite de la prière l'explique.

François veut donner cette paix à tous ceux avec qui il entre en contact. Il explique quels sont les obstacles à la paix et comment les dépasser.

Les obstacles à la paix

« Là où il y a la haine, que je sème l'amour. » Nous sommes nombreux à avoir lu les *Yoga Sutras*. Ce livre analyse les attitudes mentales qui troublent la paix intérieure. Le tout premier sutra explique : « Le Yoga est la disparition des vagues du mental. » L'auteur, Patanjali, dit que l'on doit utiliser *pratipaksha bhavana* c'est-à-dire « l'attitude opposée » pour pouvoir contrôler ces vagues. Si vous haïssez quelqu'un, cela va troubler votre paix intérieure. Dans ce cas, pour annuler cela, vous devez adopter l'attitude opposée. Vous devez l'aimer. C'est pourquoi François demande : « *Là où il y a la haine, que je sème l'amour.* » Toute la première partie de la prière expose ce principe de l'attitude complémentaire. Nous devons le mettre en pratique en toute occasion.

La haine peut avoir des causes variées. Lorsque nous haïssons quelqu'un ou quelque chose, c'est parce que notre désir est contrecarré. Il se peut que quelqu'un ou quelque chose nous prenne à rebrousse-poil ou n'aille pas dans le sens que nous souhaitions, et alors nous nous mettons à éprouver de la haine. Ou bien la haine peut être causée par la peur, qui n'est qu'une autre forme de désir.

Les êtres célèbres pour leur haine de Dieu

Nous avons tous entendu parler de Ravana et de Kamsa. C'étaient des rois très démoniaques. Ravana vivait au temps de Sri Rama, et Kamsa, à l'époque de Krishna. Ravana haïssait profondément Rama. Il avait peur de lui, car Rama voulait le tuer et récupérer Sita. La peur engendre la haine. Kamsa avait peur de Krishna. Il pensait constamment à lui. C'était un méditant accompli ! Une prophétie racontait que Krishna tuerait Kamsa, et du coup, il était tout le temps en train de se demander : « Quand Krishna va-t-il venir m'affronter ? Je ferais mieux de me débarrasser de lui avant qu'il ne se débarrasse de moi. »

Les mahatmas affirment qu'on peut réaliser Dieu même en méditant sur lui avec un sentiment de haine. Quelle largesse d'esprit avaient les sages ! Si vous haïssez Dieu suffisamment, vous pouvez vous fondre en lui et savourer la béatitude divine ! Si vous ressentez de la haine, vous devriez alors penser à haïr Dieu. Même Amma dit que si vous êtes amené à vous mettre en colère contre quelqu'un, à haïr quelqu'un, vous devriez détourner votre colère ou votre haine sur elle. Quelle que soit votre façon de penser à Dieu, le mental en sera purifié. Mais si vous pensez à Dieu avec de la colère ou de la haine, cette purification du mental sera douloureuse. Il vaut mieux penser à Dieu avec amour et dévotion si nous voulons savourer le bonheur et la paix.

Ravana et Kamsa pensaient tout le temps à Dieu. Ils le haïssaient, car ils en avaient peur, et grâce à cela ils se sont fondus en lui. Quand finalement ils se sont retrouvés face à face avec Dieu, ils se sont fondus en lui. Ils ont fait mieux que nous. Même si nous pensons à Dieu avec dévotion, nous sommes plutôt tièdes comparés à eux. Nous devrions exprimer autant d'intensité qu'eux.

Et puis il y a Duryodhana, un autre roi très cruel, contemporain de Krishna. Pourquoi hait-il Krishna ? Parce qu'il en est jaloux, Il est jaloux des Pandavas qui sont les favoris de Krishna. La jalousie engendre la haine. C'est très fréquent. C'est un des obstacles qui détruisent complètement notre paix mentale. Sisupala, le cousin de Krishna, passe toute sa vie à haïr Krishna. Il l'insulte constamment. La mère de Sisupala vient solliciter Krishna :

« J'ai entendu dire que tu vas tuer mon fils, tu es destiné à le tuer, alors s'il te plaît accorde-moi une faveur. » De quelle faveur s'agit-il ? Krishna répond à la mère : « *Je ne le tuerai pas tant qu'il ne m'aura pas insulté au moins cent fois. Après la centième fois, je devrai lui enlever la vie.* » Un jour Sisupala vient à la Cour et critique Krishna avec véhémence. Il fait un discours très habile condamnant Krishna. Balarama, le frère de Krishna s'écrie : « Hé Krishna, comment peux-tu supporter d'écouter cela ? Dis-lui de se taire ! Fais quelque chose ! » Krishna répond : « *Surtout reste tranquille, Balarama, laisse-le parler.* » À la fin, Balarama n'y tenant plus dit à Krishna : « Qu'est-ce que tu fais donc ? Es-tu lâche ? Qu'est-ce que tu attends ? » Et Krishna d'expliquer : « *Je ne suis pas en train d'attendre, mais de compter !* » Quand Sisupala profère la centième insulte, c'est son arrêt de mort qu'il prononce littéralement. Il se fond en Krishna. Nous ne devons pas oublier cela. Une lumière jaillit de son corps, se dirige vers Krishna et se fond en lui. L'âme disparaît dans le Seigneur. Mais pouvez-vous imaginer une vie pareille ? Même si ça finit bien, le reste de sa vie a été horrible.

Il est très douloureux de vivre tout en étant habité par la haine. Essayons donc de faire le contraire, essayons d'aimer. Nous connaissons tous l'épisode de la vie d'Amma quand son cousin a voulu l'assassiner. Qu'est-ce qu'elle a fait ? Elle est allée le voir à l'hôpital, lui a caressé la tête et le dos, et elle l'a nourri de ses mains. C'est inimaginable ! C'est cela qu'on appelle l'amour.

Apprendre à aimer son prochain

Dans l'Ancien Testament, il est écrit : « Vous avez entendu que l'on vous dit d'aimer votre prochain et de haïr votre ennemi. » Le Christianisme n'a commencé qu'avec Jésus. Il était juif, et les Écritures juives disaient : « Œil pour œil, dent pour dent. » Autrement dit : « Aime ton prochain mais hais ton ennemi. » Mais le Christ dit :

« Moi je vous dis, aimez vos ennemis, bénissez ceux qui vous maudissent, faites le bien à ceux qui vous haïssent et priez pour ceux qui se servent de vous avec mépris et vous persécutent. »

Alors, comment aimer ? Comment aller au-delà de la haine ? Comment s'en débarrasser ? Méditez ces paroles : *« Bénissez ceux qui vous maudissent, faites le bien à ceux qui vous haïssent, priez pour ceux qui se servent de vous et vous persécutent. »* Les manières du monde et celles des mahatmas sont totalement différentes. Le monde ne vous apprend pas à agir de cette manière. Il vous enseigne exactement le contraire.

« Agissez ainsi afin d'être vraiment les fils et filles de votre Père et de votre Mère dans les Cieux. Car Il fait se lever le soleil sur les méchants comme sur les bons, et envoie la pluie sur le juste comme sur l'injuste. Quel mérite y a-t-il à aimer ceux qui vous aiment ? Les percepteurs d'impôts ne font-ils pas la même chose ? Et si vous saluez seulement votre frère, que faites-vous de plus que les autres ? Les percepteurs d'impôts n'agissent-ils pas de même ? En agissant autrement, vous serez parfaits, comme votre Père dans les Cieux est parfait. »

Si vous aimez ceux qui vous aiment et haïssez ceux qui vous haïssent, quelle grandeur y a-t-il à cela ? C'est à la portée de tout le monde. Mais si vous aimez ceux qui vous haïssent, alors bravo ! C'est ce qu'Amma fait tout le temps. Non pas qu'il y ait quelqu'un parmi nous qui la haïsse, mais elle avait beaucoup d'ennemis quand les gens ont commencé à sentir qu'elle sortait de l'ordinaire. Pourtant, elle a toujours aimé ses détracteurs. Même ses ennemis jurés sont devenus des dévots, car son amour les a transformés.

Soyez parfaits tout comme votre Père céleste est parfait

Que veut dire cette injonction de Jésus : « *Soyez parfaits, tout comme votre Père céleste est parfait* » ? Il parle de l'Être Suprême, du *Parabrahman*, du *Paramatman*, de la Réalité, autrement dit, de Dieu. Cet Être est parfait et c'est de lui que nous venons. Nous sommes des étincelles de Cela et nous pouvons, nous aussi, devenir parfaits. Ne pensez pas : « Oh c'est tout à fait hors de ma portée, je ne pourrai jamais devenir Cela. » C'est comme si une vague disait : « Je ne pourrai jamais me fondre dans l'océan. » Vous êtes déjà un avec l'océan, vous venez de l'océan.

Au lieu de regarder à l'extérieur, regardez à l'intérieur et alors, vous deviendrez parfaits. Lorsque nous sommes extravertis, nous sommes tout affairés à penser, et c'est là tout le problème. Si nous méditons et faisons d'autres pratiques spirituelles, nous commençons à nous calmer. Notre attention commence à se tourner vers l'intérieur. Alors, nous devenons parfaits. « Parfait » ne veut pas dire que vous obtiendrez vingt sur vingt à votre examen, ni que vous allez devenir le meilleur dans tous les domaines. « Parfait » qualifie un mental parfaitement paisible. La perfection est synonyme de paix.

La *Gita* et la Bible disent exactement la même chose, mais de façon différente, avec des mots différents. Krishna dit :

> « *Celui qui est capable, tandis qu'il est encore ici, de tenir bon face à une impulsion de désir ou de colère, sans être libéré du corps, est un yogi. Il est heureux. Ce yogi qui trouve en lui sa joie, son loisir et sa lumière, atteint la béatitude de Brahman, et devient Cela lui-même. Ceux dont les défauts ont été détruits et les doutes enlevés, qui savent se contrôler et agissent pour le bien de tous les êtres, sont les sages qui atteignent la béatitude de Brahman. Pour les dévots qui sont libérés du désir et de la colère, qui ont le contrôle de leurs*

pensées et connaissent le Soi, la béatitude de Dieu se trouve partout. Le yogi dont le Soi est satisfait par la connaissance et la sagesse, qui reste imperturbable et a conquis les sens est un mahatma, pour qui une motte de terre, une pierre ou de l'or ont la même importance. On estime celui qui considère avec équanimité ceux qui ont bon cœur, ses amis, ses ennemis, ceux qui sont indifférents, neutres, ou pleins de haine, les parents, les justes et les injustes. »

Qu'est-ce qu'un grand yogi ? C'est celui qui garde une attitude égale en toute chose. Le mental n'est ni emporté ni coloré par le désir ou la colère. Le yogi est toujours paisible, toujours témoin, grâce à la stabilité du mental. Et quelle que soit la personne qu'il a devant lui, un parent, un membre de sa famille, un ami ou un ennemi, son mental reste calme. Que notre décision d'aimer tous les êtres et de ne haïr personne s'applique à tout le monde et pas seulement à nos proches. Ne soyez pas une mère seulement pour vos enfants, soyez une mère pour tous. Ce n'est pas un concept abstrait. Observez Amma. Nous avons un exemple vivant de mère universelle. Toute femme est une mère universelle potentielle, une Mère Divine. Cela ne veut pas dire que vous devez aller serrer tout le monde dans vos bras. Cela signifie juste que vous devez ressentir le même sentiment maternel envers tous.

La formation spirituelle doit commencer dès l'enfance

Cette attitude doit commencer dès l'enfance. En effet que se passe-t-il lorsqu'on vieillit ? Supposons que vous ayez un jeune arbre. Vous voulez qu'il grandisse dans une direction donnée, mais il pousse dans l'autre sens. Que faites-vous pour le redresser ? Vous l'attachez. Vous l'orientez du côté que vous avez choisi, et ensuite il va pousser selon cet axe. Imaginons que vous ayez un arbre qui a dix ans et déjà une taille adulte, avec le tronc gros comme ça. Il penche d'un côté, et vous voulez qu'il aille de l'autre. Que pouvez-vous faire ? Procurez-vous un bulldozer, attachez-y l'arbre et fracassez-le ou déracinez-le, car c'est devenu impossible de le courber à présent.

De la même façon, tant que vous êtes jeunes, vous pouvez faire ce que vous voulez du mental. Vous pouvez le rendre bon ou mauvais, le choix est entre vos mains. Mais en vieillissant, toutes les habitudes et la personnalité se raidissent, comme si elles étaient en béton armé, vous êtes alors devenus semblables à l'arbre qui a atteint sa taille définitive. Il est très difficile de changer à ce moment-là, de faire plier le mental dans la direction que vous souhaitez. Les enfants doivent essayer d'avoir de bonnes pensées. C'est tout le but du *satsang*, de l'étude des textes sacrés et des autres activités spirituelles. Il ne faut pas croire que les enfants peuvent se contenter d'aller à l'école et d'y apprendre à gagner leur vie. Ce n'est pas le seul dessein de l'éducation. C'en est un, mais il en existe un autre qui consiste à se cultiver, le but de la culture étant d'être heureux en obtenant la paix de l'esprit.

L'histoire du garçon pauvre

Voici l'histoire vraie d'un petit garçon appelé Andy qui a les yeux grand ouverts et l'innocence d'une fleur. Il vient d'une famille très pauvre. Il porte des vêtements trop grands pour lui qui ont appartenu à son frère aîné car ses parents ne sont même pas en mesure de l'habiller correctement. Il va à l'école ainsi vêtu et comme il est pauvre, les autres enfants se moquent tout le temps de lui. Ils forment un genre de groupe, je ne dirais pas une bande, parce que ces enfants ne sont qu'à l'école primaire. Mais ils se rassemblent en un groupe très fermé. Andy voudrait lui aussi faire partie du groupe, mais les autres passent leur temps à rire de lui, à plaisanter à ses dépens et à l'insulter. Vous savez comme les enfants peuvent être cruels. Et comment Andy réagit-il ? Il les regarde simplement, les yeux tout étonnés, et il accepte tout. Il est un véritable *sadhou* comme on dit en Inde. C'est-à-dire qu'il est très sattvique, très doux, très innocent.

Certains d'entre vous ont dû voir le film « Le livre de la Jungle ». Mowgli, le petit garçon héros de l'histoire est élevé dans la jungle par les animaux. Alors qu'il était tout bébé, il a été perdu dans la nature et ce sont des loups qui ont pris soin de lui. Devenu grand, Mowgli est attrapé par des soldats qui le menacent avec un couteau. Il n'a jamais vu de couteau et il leur demande :

— « À quoi ça sert ?

— À tuer nos ennemis.

— C'est quoi un ennemi ? (Il ne sait pas ce qu'est un ennemi ! Quand vous vivez avec des animaux, vous n'avez pas d'ennemis. Il s'agit simplement de manger et de ne pas se faire manger. Ceux qui vous mangent ne sont pas vos ennemis, ils ont seulement faim.) Que faites-vous après avoir tué votre ennemi ? Vous le mangez ? veut ensuite savoir Mowgli.

— Bien sûr que non ! s'écrient les soldats.

— Bon, mais alors, pourquoi le tuer si vous ne voulez pas le manger ?

— Parce que nous le détestons.

— Qu'est-ce que vous voulez dire ? C'est quoi détester ? »

Quelle innocence ! Nous devons atteindre ce degré d'innocence pour être capable de voir Dieu. Le petit garçon Andy est comme cela. Il n'a pas d'ennemi, même si les autres le persécutent et le maltraitent. Il ne les considère pas comme des ennemis. C'est la grandeur de l'innocence. Elle vous protège comme un champ de force qui vous enveloppe et vous permet de rester heureux.

Alors un jour, le groupe de garçons décide de faire une sortie. Ils vont camper dehors dans la jungle, en réalité juste dans l'arrière cour de la maison de l'un des enfants. Ils acceptent qu'Andy participe à leur sortie. C'est un grand événement pour lui. Il ne s'est jamais senti aussi heureux. Il n'a pas de vélo de garçon, mais une vieille bicyclette de fille. Il se sent pourtant très heureux en se rendant chez l'écolier qui les reçoit. Une fois arrivé, il saute de sa bicyclette pour courir rejoindre les autres.

Juste à ce moment-là, les garçons se demandent : « Pourquoi laisser ce gars camper avec nous ? Il est trop bizarre. Allons lui dire de s'en aller. » Ils chargent l'enfant qui vit là de chasser Andy. Andy arrive en courant, il est si content. Le garçon le dévisage et lui dit : « Andy, on ne veut pas de toi. On ne t'aime pas. » Alors Andy le regarde longtemps, et deux larmes apparaissent dans ses yeux. Il ne dit rien. Il s'en retourne chez lui tout seul dans la nuit. Et à partir de ce jour, personne n'a plus jamais revu Andy. Personne ne sait ce qu'il est devenu. Il n'est jamais retourné à l'école. Il a été sacrifié par ces garçons, ils l'ont crucifié.

Ainsi, même très jeunes, nous devons faire attention de ne pas entretenir ce genre de pensées cruelles et méchantes. Nous devons songer à une personne comme Amma. Comment est-elle ? Elle est tellement pleine d'amour pour tout le monde ! Comment était Jésus ? Il était tellement aimant avec tout le monde, même avec ses ennemis. C'est la signification de ce vers : « *Là où il y a la haine, que je sème l'amour.* » C'est un vers très important.

La prière de Saint François - 2

(cassette 22)

« L à où il y a l'offense, que je sème le pardon. » Lorsque vous éprouvez de la haine envers quelqu'un ou quelque chose, la première réaction, c'est de faire souffrir l'autre ou ce qui vous menace, comme si vous vouliez vous venger. Que dit Amma, que disent les grands mahatmas, que dit le Sanatana Dharma, que disent les Écritures à ce sujet ? Ils disent tous que vous récolterez ce que vous semez. Vous créez du karma avec chacune de vos pensées, chacune de vos paroles et chacune de vos actions. Jésus l'exprime joliment : « Si vous pardonnez aux autres leurs offenses, Dieu vous pardonnera aussi. Mais si vous ne pardonnez pas aux autres leurs offenses, Dieu ne vous pardonnera pas non plus. » Personne n'est parfait. Tout le monde fait des erreurs et veut être pardonné, mais personne ne veut pardonner.

La vie continue-t-elle après la mort ?

Ainsi, Jésus essaie de nous encourager. Si vous pardonnez, Dieu vous pardonnera. Si vous ne pardonnez pas, Dieu ne vous pardonnera pas non plus. C'est aussi simple que cela. Le moment venu, lorsque vous devrez rendre compte de vos actions…Quelqu'un a demandé à Amma : « La vie continue-t-elle après la mort ? » Et elle a répondu : « Certainement. Si la vie existe avant la naissance, elle continue après la mort. »

Amma explique qu'il y a en chacun de nous une sorte de cassette vidéo. Même si on regarde à l'intérieur, on ne peut pas la voir. C'est une cassette très longue, très très longue. « XL », vous savez, extra longue ! Elle peut continuer pendant plus d'un siècle, sans s'user. Puis, quand nous quittons le corps physique, et que nous prenons une forme subtile, nous pouvons regarder toute la cassette. Elle est en couleur, en trois dimensions, et même en stéréo !

Il s'agit de toute notre vie, intérieure et extérieure. Là, dans le monde subtil, se trouve un être appelé Chitragupta. Il regarde la cassette vidéo avec nous et il a un ordinateur doté d'un programme de comptabilité, à moins que ce ne soit un programme de versements échelonnés ! Les bonnes actions et les mauvaises sont placées dans deux colonnes différentes. Chitragupta les additionne, écrit un rapport qu'il passe à quelqu'un d'autre. Cette dernière personne regarde si nous sommes créditeur ou débiteur, et décide du lieu où nous devrons nous rendre ensuite.

Il semble donc que nous ayons intérêt à pardonner car au moment de ce bilan, nous aurons ainsi une chance d'être pardonnés pour les actions négatives que nous aurons commises. Mais si nous avons le cœur dur et que nous ne pardonnons pas aux autres, nous-mêmes, nous ne serons pas pardonnés. Maintenant la question est de savoir à quel point nous devons pardonner. Combien de fois ?

« Ce garçon n'arrête pas de m'embêter. Tous les jours il dit ceci, et cette fille dit cela, et je ne peux plus les supporter. J'en ai assez. Bien que Swamiji nous ait recommandé de pardonner, je leur ai déjà pardonné deux fois, ça suffit maintenant, je vais leur montrer de quel bois je me chauffe ! »

Voilà ce que va décider la majorité d'entre nous, qu'une fois ou deux, cela suffit. Un des disciples du Christ avait le même doute. Il s'appelait Pierre. Il est allé voir Jésus et lui a demandé : « Seigneur, combien de fois dois-je pardonner à mon frère quand il me fait du mal ? Combien de fois dois-je pardonner à celui qui est cruel envers moi ? Sept fois ? » C'est déjà un chiffre important. Qu'a répondu Jésus ? Il a dit : « *Je ne te dis pas de pardonner sept fois, mais soixante-dix fois sept fois.* » Combien cela fait-il ? Quatre cent quatre vingt dix. Cela ne veut pas dire qu'à la quatre cent quatre vingt onzième fois, vous pouvez gifler les gens ! Ce nombre imposant signifie seulement que vous devez être tellement patient, que quel que soit le nombre de fois où l'on vous provoque, vous devez continuer à pardonner.

Puis, Jésus dit encore :

> « *Ne juge pas et tu ne seras pas jugé. Ne condamne pas et tu ne seras pas condamné. Pardonne et tu seras pardonné.* »

Étaient-ce des paroles en l'air ? Après tout, c'est facile à dire. Quelqu'un vous frappe, ou se comporte brutalement, ou se montre antipathique envers vous : que ce soit votre sœur, votre frère, vos camarades de classe, votre père, votre mère, quelqu'un se montre réellement méchant envers vous… Qu'est-ce que Jésus pouvait connaître de ces choses, au fond ? Ce qu'on sait, c'est qu'il a dû pardonner à chacun au moins quatre cent quatre vingt dix fois. Mais on sait aussi qu'il a fait bien plus. En effet, que lui est-il arrivé ? Jusqu'à la fin, au moment de la crucifixion, il a continué à pardonner.

Le pardon surhumain du Christ

Imaginez un peu que vous vous soyez piqué le doigt avec une épingle, ou que l'on vous ait fait une prise de sang, ou une piqûre. Même une petite piqûre d'épingle peut être terriblement douloureuse. Vous allez peut-être vous mettre à hurler : « Je ne veux pas de cette aiguille. Je rentre chez moi. Je ne veux pas de cette piqûre. Je préfère rester malade ! » Maintenant, grossissez simplement la taille de cette aiguille deux cents fois jusqu'à ce qu'elle fasse environ deux centimètres d'épaisseur. Et ce n'est pas effilé comme l'extrémité d'une aiguille. C'est une pointe très grossière. C'est avec ce genre de clous qu'on l'a crucifié, qu'on lui a transpercé les mains et les pieds !

Pendant ce temps, les soldats se disputaient ses vêtements : « Donne-moi ça, passe-moi celui-là, je veux ceci, je veux cela. » Et ils se moquaient de lui : « Regardez, il prétendait qu'il était roi. Regardez le roi maintenant, il n'est même pas capable de se sauver lui-même ! » La souffrance était atroce. Mais qu'a-t-il dit en voyant cette scène et tous ces gens responsables de sa mise à mort ? Qu'a-t-il dit ? Il a prononcé une seule phrase très courte, mais c'était une phrase tout à fait extraordinaire. Il a dit :

« Père, pardonne-leur, car ils ne savent pas ce qu'ils font. »

Il parlait à Dieu. « Pardonne-leur, car ils ne savent pas ce qu'ils font. » Lorsque quelqu'un se comporte méchamment, il ne sait pas vraiment ce qu'il fait. S'il le savait, s'il savait que la souffrance qu'il inflige aux autres va lui revenir, il n'agirait pas ainsi. Il est la proie de l'ignorance et de l'aveuglement. C'est pourquoi il faut lui pardonner. Jésus n'a pas supplié : « Ô mon Dieu, tue-les donc ! »

D'après Amma, les gens viennent parfois lui dire : « Aide-moi Amma, donne-moi ta bénédiction et fais mourir cette personne qui me cause tant de problèmes. » Vous pouvez lire cela dans les volumes d' « Éveillez-vous mes enfants ». C'est fantastique. Toutes sortes de gens viennent à elle et lui demandent son aide pour tout ce qui leur passe par la tête. Il y en a qui disent : « Amma, aide-moi à tuer telle personne. » Vous vous rendez compte ! Quel mal avait fait le Christ ? Il n'a même jamais eu une seule mauvaise pensée. Lorsqu'il parle de pardonner, c'est très sérieusement, de toute son âme.

La nécessité de la foi

« *Là où il y a le doute, que je sème la foi.* » Dès que nous arrivons en ce monde, qu'arrive-t-il ? *Maya* nous attrape. Nous devenons les enfants de *Maya*. Nous nous mettons à penser et à agir selon les règles de *Maya*. Nous ne nous posons même pas la question du but de la vie : « d'où venons-nous et où allons-nous ? » Nous nous croyons éternels, et nous nous affairons dans la voie de *Maya*.

Le monde de *Maya*, c'est là où l'on obtient un peu de bonheur grâce au plaisir, lequel est immédiatement suivi de souffrance. Mais il existe un autre endroit, le monde de la béatitude, que Jésus appelle le « royaume des Cieux » et dans lequel la souffrance n'existe pas. Pour y parvenir, il faut travailler dur car il s'agit d'arracher la pensée du monde de Maya pour arriver à regarder à l'intérieur. Le « royaume des Cieux » est à l'intérieur de vous. Vous devez tourner votre regard vers l'intérieur, regarder dans le mental. Et même si votre foi commence à grandir, soit grâce à des expériences amères soit grâce à des impressions venues de vies antérieures, le voyage sera quand même difficile car nous sommes dans Maya. Tout nous semble si réel. Comparée au monde de Maya, la béatitude divine, dont parlent certains êtres appelés mahatmas ou sages, semble une proposition trop brumeuse.

Même si nous avons un peu la foi, le doute va nous harceler continuellement : « Ce que disent les sages est-il bien vrai ? Parce que sinon, pourquoi devrais-je me faire souffrir pour atteindre la béatitude divine ? Pourquoi devrais-je renoncer à quoi que ce soit ? Pourquoi lutter ? Pourquoi chercher à m'améliorer ? Je peux bien rester comme je suis et continuer d'agir comme je le fais.

Pourquoi me soucier de tout ça ? » Ces doutes seront constamment là, et c'est la raison pour laquelle François dit que nous devons semer la foi là où il y a le doute. Car lorsque le doute est présent, il n'y a plus aucun espoir d'atteindre cette béatitude dont parlent Amma et les sages. Le doute sape notre énergie. Le doute nous fait changer de direction. Il faut donc essayer d'affermir notre foi qui est si fluctuante et fragile.

Alexandre rencontre un mahatma en Inde

Quand Alexandre le Grand était en Inde, il a interpellé un sage assis sous un arbre : « Pourquoi perdez-vous votre temps à méditer ? Pourquoi dites-vous que Dieu existe ? Je ne le vois nulle part. Je vois des arbres et des êtres humains, des animaux et d'autres choses encore, mais personne appelé du nom de Dieu ». Le mahatma lui a alors expliqué : « Dieu existe mais vous ne pouvez pas le voir. Il est dans une dimension très subtile. Venez avec moi. » Le mahatma et Alexandre se sont mis en route et sont tombés sur un groupe d'enfants qui jouaient avec des cerfs-volants. Un de ces cerfs-volants volait si haut qu'on n'arrivait plus à le voir. Vous avez déjà fait voler un cerf-volant ? Quand il va très haut, il devient tellement minuscule qu'on ne peut plus l'apercevoir. Mais vous savez qu'il est toujours là parce que vous tenez la corde et que vous le sentez tirer. Le sage a tendu la corde à Alexandre et lui a demandé :

— « Prenez ceci ! Voyez-vous le cerf-volant qui se trouve au bout ?

— Non.

— Alors comment savez-vous qu'il y est ?

— Je peux le sentir.

— C'est de la même façon que vous pouvez faire l'expérience de Dieu. Vous pouvez le sentir dans votre vie, vous pouvez percevoir les signes qui le révèlent. Dieu ne peut pas être vu avec les yeux physiques. Mais vous pouvez le sentir, même s'il est extrêmement subtil. »

Que dit Jésus ?

« *Voilà pourquoi je vous le dis : ne vous inquiétez pas pour votre vie, de ce que vous allez manger et boire, ni pour votre corps de quoi vous le vêtirez. La vie n'est-elle pas plus que la nourriture et le corps plus que le vêtement ?* »

La foi est un genre d'abandon ou de renoncement que le Christ avait parfaitement maîtrisé. Nous essayons de parvenir à cela. Ne vous inquiétez pas au sujet de la vie. Ne vous faites pas de souci à propos de ce que vous allez manger ou boire, ni des vêtements que vous allez porter. Est-ce que la vie se réduit à cela ?

« *Regardez les oiseaux du ciel : ils ne sèment ni ne moissonnent, ils n'amassent point dans les granges ; et pourtant Dieu les nourrit. Ne valez-vous pas beaucoup plus qu'eux ?* »

Avez-vous déjà remarqué ce phénomène ? Un jour j'ai pris conscience de tous les animaux qu'il y a ici, en particulier des oiseaux. Et il y a tellement de petits animaux dans les bois. Nous avons des renards, des daims, des coyotes, des ratons laveur, des putois, des écureuils et des mulots.

Qui nourrit les animaux ?

Qui les nourrit tous ? Nous ne leur donnons pas à manger. Cela coûterait une fortune. J'ai été surpris de ne pas voir traîner dans les alentours le cadavre de l'un ou l'autre de ces animaux morts de faim. Vous avez déjà vu un oiseau mort ? Il vous est peut-être déjà arrivé d'en voir un, mais on n'en voit pas partout. Et l'oiseau que vous avez vu s'était peut-être cogné contre la vitre de votre fenêtre. Il n'était pas mort de faim. C'est rare de trouver un animal sauvage mort de faim. Autrement le monde entier serait recouvert de cadavres ! Ils trouvent tous quelque chose à manger. Qui leur procure cette nourriture ? Jésus nous l'explique. Et quelle valeur ont-ils, comparés aux êtres humains qui peuvent réaliser Dieu ? Alors, Dieu ne donnerait-il pas également aux hommes de quoi se nourrir ?

> *« Qui d'entre vous peut par son inquiétude prolonger tant soit peu son existence ? Et du vêtement, pourquoi vous en soucier ? Observez les lis des champs, regardez comme ils poussent : ils ne peinent ni ne filent. Et pourtant je vous le dis, Salomon lui-même, dans toute sa gloire, n'a jamais été vêtu comme l'un d'eux. »*
> *Les lis ne font rien de particulier, mais constatez leur magnificence. Même le riche Roi Salomon semblait bien pauvre comparé aux lis.*
> *« Si Dieu habille ainsi l'herbe des champs, qui existe aujourd'hui et qui demain sera jetée au feu, ne fera-t-il pas bien plus pour vous, gens de peu de foi ? Ne vous inquiétez donc pas en disant : « Qu'allons-nous manger ? Qu'allons-nous boire ? Comment allons-nous nous vêtir ? » Car Dieu sait bien que vous avez besoin de toutes ces choses. Cherchez d'abord le royaume de Dieu et toutes ces choses vous seront données par surcroît. »*

C'est un principe très important pour tous, pas seulement pour les *sannyasis*.

Le véritable abandon à Dieu n'est pas l'oisiveté

« Cherchez d'abord le royaume de Dieu et toutes ces choses vous seront données par surcroît. » Cela ne veut pas dire que vous devez tous

rester assis à ne rien faire, que personne ne doit aller travailler, et que demain matin, quand je descendrai, vous serez toujours assis là ! Mais si vous restiez tous ici, la question qui se poserait serait alors de savoir combien d'entre vous commenceraient à s'inquiéter : « Qu'est-ce qu'on va manger ? », « Comment allons-nous nous habiller ? », et « Qu'est-ce qu'il y a à boire ? » Si vous ne vous posez pas ces questions, alors c'est bien. Cela signifie que vous vous êtes abandonnés à la volonté divine. Vous êtes détachés. Ce que Jésus veut dire, c'est que votre but premier et essentiel doit être de faire l'expérience de la béatitude divine. Dieu n'est pas quelque chose d'aride. Dieu est béatitude et bonheur suprême. Tout le reste devient fade comparé à ce bonheur.

Mais si vous considérez Dieu comme votre priorité numéro un, quoi que vous fassiez, que vous travailliez ou que vous meniez simplement une vie ordinaire, alors, tout vous sera donné, c'est sûr. Tout ce dont vous avez besoin viendra à vous si pour vous, la priorité des priorités, c'est de réaliser Dieu. Si quelqu'un dit : « Eh bien, rien ne m'est donné. En fait, je dois aller travailler et m'occuper de tellement de choses ! », c'est la preuve que son esprit n'est pas totalement concentré sur le but de la réalisation divine. Autrement, tout lui serait donné. L'intensité est indispensable. Alors, tout vous est donné par Dieu. La foi est nécessaire. Comment obtenir la foi ? En fréquentant ceux qui l'ont, des gens comme Amma, pour qui Dieu est une réalité, pour qui ces principes sont vrais, et pas seulement des mots écrits dans les livres.

Alors Jésus leur dit :

« Si vous avez la foi de la taille d'une graine de moutarde… (vous connaissez la graine de moutarde, c'est minuscule), vous direz à cette montagne : « Va d'ici à là-bas » et elle le fera. Rien ne vous sera impossible. »

Si nous possédons une foi vivante dans la réalité de Brahman, de Dieu, ou de l'une de ses Incarnations, alors la totalité de cet univers se trouve entre nos mains. Mais parce que notre foi n'est pas aussi bien trempée, nous considérons le monde comme quelque chose de concret et d'inamovible. Que dit Krishna dans la *Gita* ?

« *Ceux qui n'ont pas foi en ce dharma ne m'atteignent pas et restent, en vérité, dans la voie du monde périssable.* »

Ainsi, si nous n'avons pas une foi suprême en Dieu, nous continuerons à naître, vivre et mourir, encore et encore, jusqu'à ce que nous fassions l'expérience de la foi parfaite en la réalité de Dieu.

Lorsque nous avons débuté cette causerie à Noël, je vous ai raconté comment l'idée m'est venue de parler de Saint François. Je ne savais pas quel sujet aborder, parce que j'avais l'impression que j'avais déjà dit tout ce que je savais sur la Bible. Cela témoigne en passant du peu que j'en connais. J'ai donc prié Amma : « Montre-moi quel sujet je dois aborder. » Ensuite, j'ai ouvert un magazine qui se trouvait devant moi sur le bureau, et il contenait un article sur la méditation, dans lequel on recommandait la lecture de la prière de Saint François. J'ai pensé : « En voilà une bonne idée ! Nous pourrions faire une causerie sur Saint François. » Puis quelqu'un qui rentrait d'Inde m'a dit que le jour de Noël, à l'ashram d'Amma, les dévots avaient joué une pièce de théâtre, et vous savez quel était le sujet de cette pièce ? La vie de Saint François d'Assise ! L'idée de parler de sa vie et de sa prière doit bien venir d'Amma.

Le pouvoir de la volonté d'Amma

Cela me rappelle le jour où Amma a décidé de construire le premier grand bâtiment à Amritapuri, à savoir, le temple de Kali, qui compte des centaines de chambres pour recevoir les visiteurs.

À cette époque-là, j'étais un peu impliqué dans les travaux de construction, non pas comme manœuvre sur le chantier, mais j'avais des idées pour dessiner les plans et Amma nous demandait si nous avions des suggestions à faire. La chambre dans laquelle elle vit a été conçue par deux d'entre nous.

Elle m'a donc appelé et m'a demandé : « Pourquoi ne dessinerais-tu pas le plan du nouveau bâtiment ? » J'ai répondu : « D'accord. » Ensuite, elle a également voulu voir l'ingénieur qui était aussi architecte, et ingénieur, et inspecteur des travaux et homme à tout faire : « Toi aussi tu vas dessiner le plan du nouveau bâtiment. » Sans doute pensait-elle : « Nealu n'y connaît rien. » L'ingénieur a dit : « Bien. » Puis elle a ajouté : « Revenez tous les deux dans une semaine pour me montrer vos plans et nous choisirons. »

Je savais qu'Amma voulait un temple et que nous avions besoin d'un grand nombre de chambres et d'un auditorium, j'ai donc dessiné ce qui me semblait approprié, et de son côté, l'ingénieur a tracé ce qui lui paraissait adéquat. Nous nous sommes alors rendus ensemble dans la chambre d'Amma pour lui montrer nos propositions. Elle s'est écriée :

— « Ça alors !

— Qu'est-ce qu'il y a ?

— Vous avez imaginé tous les deux le même projet !

— Amma, ce n'était pas la peine de nous faire dessiner les plans, parce que tu avais déjà décidé de ce que tu voulais faire, si bien que c'est ce que nous avons fini par dessiner.

— Oui, c'était mon plan. »

Amma souhaitait qu'à Noël, il y ait une pièce de théâtre et une causerie au sujet de la prière de Saint François. C'était son idée à elle. Nous avons simplement capté les ondes radio.

C'est une toute petite prière, mais son contenu est immense. C'est comme le Big Bang. La matière très dense a explosé au moment du Big Bang, ce qui a généré tout l'univers actuel. Les écrits des mahatmas sont ainsi. On les appelle des *sutras*. Ils sont l'essence qui peut être diluée et démultipliée. Des commentaires ont été écrits sur la *Bhagavad Gita*, les *Upanishads*, les *Brahmas Sutras*, et les *Narada Bhakti Sutras*. Les *sutras* d'origine sont très courts, mais ils peuvent être abondamment commentés.

« Là où il y a le désespoir, que je sème l'espérance. »

Nous oscillons tous entre le bonheur et le chagrin. Dès la naissance dans le monde de Maya, nous faisons tantôt l'expérience du bonheur, tantôt celle de la tristesse. Mais certains deviennent très profondément tristes, de plus en plus tristes, comme s'ils s'enfonçaient dans un gouffre de tristesse dont il leur est très difficile de sortir. Ils deviennent tristes de façon chronique, souffrent d'une grande faiblesse et d'un manque d'énergie.

Comment aider une personne dépressive

Que pouvons-nous faire pour aider ceux qui se sont enlisés dans le chagrin ou la dépression ? Comment devient-on si malheureux ? Si vous analysez ce qui s'est passé, vous verrez que cela a commencé avec une pensée, une pensée négative, une pensée de disharmonie. Ensuite le mental s'est mis à répéter et répéter cette pensée, ou ce sentiment, ou cette attitude, et c'est devenu une très forte habitude. Si nous agissons assez longtemps de manière négative, cela finit par nous asservir et nous pousser dans l'abîme. Nous ne savons même plus comment nous y sommes tombés.

Lorsque nous sommes en compagnie de gens dépressifs, nous devons leur suggérer des pensées et des manières très positives d'aborder leurs problèmes. Il faut projeter ce genre de pensées pour qu'ils puissent puiser une partie de notre énergie positive. Il y a un échange d'énergie entre tout ce qui existe dans l'univers.

Si nous rayonnons d'énergie positive et que quelqu'un émet de l'énergie négative due à sa souffrance mentale, il nous est possible de briser l'énergie négative qui le fait souffrir et d'élever son niveau vibratoire grâce à notre énergie positive. Naturellement, toute énergie vient de Dieu et nous devons nous souvenir que rien n'est à nous. Tout lui appartient. Mais cependant, sur le plan concret des vibrations et de la présence, nous pouvons, grâce à notre propre énergie positive, aider les gens à sortir de leur état tamasique ou rajasique. Bien entendu, certains ont besoin en plus d'un soutien psychologique et de médicaments pour venir à bout de leur dépression.

C'est de cela que François parle : lorsque les gens sont désespérés, nous devons semer l'espérance. Il faut semer en eux des pensées positives. François ne se contentait pas de parler, il passait à l'action. Physiquement, il était très malade. Il souffrait continuellement, et les dernières années de sa vie, il s'est retrouvé aveugle et affligé de nombreux et graves problèmes de santé.

Malgré cela, il était responsable d'une importante communauté de moines et de nonnes à qui il délivrait infatigablement son enseignement. Il voyageait d'un monastère à l'autre, d'une ville à l'autre, toujours pieds nus, vêtu seulement de son sac de jute. Ce sac grossier était son unique habit. Sa seule présence, si rayonnante, si pleine d'énergie, si sattvique, avait le pouvoir d'élever les gens. Il n'avait pas besoin de dire grand-chose.

La présence est le véritable enseignement

Un jour, François et l'un de ses disciples nommé Léon marchent dans Assise et François propose : « *Allons prêcher dans les rues.* » Comme ils voient des petits enfants, ils leur caressent la tête, ils regardent des gens, parlent aux uns, sourient aux autres. Ils ont traversé la ville et Léon demande : « François, quand allons-nous commencer à prêcher ? » François répond : « *Que crois-tu que nous ayons fait tout ce temps ? Nous avons touché le cœur de tant de gens ! Beaucoup nous ont observés. Certains nous ont même regardé dans les yeux. Que penses-tu qu'ils aient vu ? Ils ont dû voir le trésor que nous avons dans le cœur, le trésor intérieur. Autrement, pourquoi tant de gens vivraient-ils au monastère ? Au début j'étais tout seul et maintenant nous sommes des centaines.* »

C'est cela prêcher véritablement. Lorsque vous vous remplissez de Dieu, vous devenez une source de transformation spirituelle pour les autres. Vous n'avez pas besoin de dire grand-chose. Une présence émane de vous. Elle est subtile mais elle affecte l'atmosphère et les gens. Voilà les vraies semences d'espoir qu'un saint peut planter, pas une personne ordinaire ou un psychanalyste, mais quelqu'un qui a un certain pouvoir spirituel. Il n'y a que les saints qui peuvent inspirer l'espoir même à quelqu'un de déprimé.

Il existe une autre façon d'aider les gens dépressifs. Nous ne devons pas nous arrêter là. Nous pouvons aussi les encourager à faire des efforts importants. L'autre jour nous remarquions comment des dévots, au nom de la dévotion et de l'abandon au maître spirituel perdent parfois leur force de caractère : « Tout est la volonté d'Amma. Tout ce qui m'arrive est dû à la volonté d'Amma. Le pickpocket qui m'a volé l'a fait parce que c'était la volonté d'Amma et cette autre personne qui m'a privé de mon travail l'a aussi fait par la volonté d'Amma. Mon enfant n'a aucun respect pour moi car c'est la volonté d'Amma et mon manque de respect envers autrui est également la volonté d'Amma. Tout est sa volonté. »

L'abandon doit être dynamique

La voie de l'abandon à la volonté divine et de la dévotion n'exige pas qu'on accepte tout. C'est une voie dynamique. Il faut garder certains principes. Il s'agit de vivre selon des principes trouvés dans les enseignements d'Amma, dans les Écritures ou dans la tradition spirituelle. Vous devez rester fidèle à certains principes, et ensuite vous pourrez dire que ce qui arrive est la volonté d'Amma. Mais il faut savoir comment vous devez agir en telle et telle circonstance. C'est ce qu'on appelle le *dharma*. Pour pouvoir respecter le *dharma,* il est nécessaire d'être profondément intelligent, de faire preuve d'une grande persévérance, et d'une volonté forte, et il nous incombe de cultiver tout cela. À nous de développer toutes ces qualités. En fait, le sens de la vie spirituelle, c'est d'utiliser le pouvoir de la volonté, c'est-à-dire d'exercer notre volonté pour façonner le mental comme nous le souhaitons au lieu de le laisser tel quel.

Il y a des gens ordinaires qui ont accompli tant de choses grâce au pouvoir de leur volonté. Alexandre Graham Bel, par exemple. Tout le monde sait qui est Alexandre Graham Bel. Enfin, au cas où vous ne le sauriez pas, c'est lui qui a inventé le téléphone au siècle dernier. Il était déjà célèbre pour ses inventions, mais quand il a inventé le téléphone, personne ne s'y est intéressé. Il a fini par faire une démonstration devant le Président des États-Unis. Le Président Hayes a regardé attentivement puis il a fait un commentaire historique : « C'est une invention remarquable, mais je me demande qui voudra s'en servir un jour ? » Or Bel n'a pas laissé tomber, et maintenant, le monde entier utilise le téléphone. Rares sont ceux qui arrivent à s'en passer.

Autre homme célèbre… Thomas Edison. Il est considéré comme l'un des plus grands inventeurs de l'histoire, et il a fabriqué des objets très intéressants. Quand il a commencé à aller à l'école, son instituteur a soutenu qu'il était idiot ! Il était très lourd, lent, et indiscipliné par-dessus le marché. Personne n'arrivait à le faire tenir tranquille à l'école, si bien que sa mère a décidé de le retirer du système scolaire et de lui donner des cours elle-même à domicile.

À l'âge de dix ans, il avait déjà monté un laboratoire de chimie, et il avait une énergie tellement inépuisable qu'il a mis au point mille trois cents inventions. Il a déclaré : « J'ai utilisé un pour cent d'inspiration et quatre vingt dix neuf pour cent de transpiration. » C'était sa devise.

C'est lui qui a inventé l'ampoule électrique. Ce n'est pas une invention très utile, mais tout de même, ce n'est pas mal ! Il lui a fallu mettre en place deux mille expériences avant que la première ampoule ne marche. Quand il a finalement réussi et que l'ampoule s'est allumée, un journaliste lui a demandé : « Quel effet cela fait d'avoir subi tant d'échecs ? » Edison a répondu : « Je n'ai jamais échoué. J'ai inventé l'ampoule électrique et il se trouve que cette invention a nécessité deux mille étapes pour aboutir ! »

Ainsi, même si nous sommes très malheureux, même si de nombreux obstacles se présentent sur notre route, il faut persévérer. Tout le monde a de la volonté. Pensons à tous ces gens pour qui rien n'a jamais marché et qui cependant ont persévéré, par pure volonté. Alors les obstacles qui encombrent la voie s'écartent. Une grande quantité d'énergie est nécessaire pour accomplir cela, mais tout le monde en a. Certains l'utilisent d'une façon erronée, c'est tout. Vous devez l'utiliser de façon juste. C'est là toute la différence.

Amma cite un autre moyen de gérer la dépression : S'abandonner. Faites de votre mieux, mais si tous vos efforts échouent, acceptez la situation. C'est une façon de se débarrasser du chagrin. Quelle est la cause de notre tristesse ? C'est que nous voulons quelque chose, sur le plan physique, mental, ou émotionnel. Nous voulons quelque chose et quand nous ne l'obtenons pas ou quand nous obtenons l'effet opposé, quelque chose que nous ne voulons pas, nous sommes malheureux. Amma explique que l'abandon à la volonté divine enlève toutes les peurs et les tensions. L'acceptation nous amène vers la paix et le bonheur.

« *Là où il y a abandon, il n'y a pas de peur, et vice-versa. Là où il y a abandon, il y a amour et compassion, alors que la peur engendre la haine et l'inimitié. Mais pour s'abandonner, il faut beaucoup de courage, le courage de renoncer à soi-même. Sacrifier l'ego exige de l'audace. S'abandonner signifie accueillir et accepter tout, sans ressentir la moindre peine ou déception. Cela veut dire que pour vraiment s'abandonner, il faut être profondément détaché. Si vous pouvez le faire, vous serez heureux. Comme l'a dit quelqu'un, "Ce ne sont pas les circonstances qui nous rendent heureux, mais notre attitude.» Ainsi, si nous adoptons l'attitude juste, nous allons être heureux même dans les circonstances les plus malheureuses.* »

Un grand patron de l'industrie arrive un jour sur une plage où un pêcheur est allongé sur le sable en train de fumer une cigarette. Le patron demande :

— « Pourquoi est-ce que vous n'allez pas pêcher un peu plus de poissons ? Vous pourriez gagner plus d'argent.

— Je suis déjà sorti pêcher aujourd'hui, explique le pêcheur.

— Eh bien, vous pourriez y retourner. Si vous gagnez plus d'argent, vous pourriez avoir un deuxième bateau.

— Un bateau me suffit.

— Mais si vous aviez trois bateaux, vous pourriez attraper beaucoup de poissons et devenir riche.

— Mais qu'est-ce que je ferais si je devenais riche ?

— Eh bien, vous seriez heureux !

— Qu'est-ce que vous croyez ? Je suis heureux, allongé sur le sable à fumer ma cigarette. J'ai tout ce qu'il me faut pour être heureux, s'exclame le pêcheur. »

Ainsi, le bonheur est une attitude. Il ne dépend pas des circonstances. Il ne dépend pas de votre compte en banque. Il ne dépend de rien d'extérieur ; c'est une attitude intérieure. La majorité d'entre nous ne sait pas qu'il existe un autre but dans la vie que le plaisir. Dans le monde, on nous dit : « Essayez d'être heureux en vous faisant plaisir », si bien que nous passons toute notre vie en quête de plaisir et que nous les passons en revue, les uns après les autres. Au bout d'un certain temps, certains d'entre nous s'aperçoivent que ce comportement ne nous rend pas heureux. Il y a toujours un vide, quelque chose qui nous manque.

Nous en arrivons au stade où nous constatons que la recherche des plaisirs ne marche plus pour nous : « Même en cherchant toujours plus de plaisir, ça ne me rend pas heureux. En fait, je me sens de plus en plus malheureux. » Les gens se mettent à sombrer dans les ténèbres, dans la négativité, parce qu'ils ne voient aucun moyen de s'en sortir, comme s'il n'y avait plus de sens, plus aucune lumière dans leur existence.

La nature de la lumière intérieure

Le Christ dit une chose intéressante, une affirmation digne d'un yogi. Jésus est un grand yogi. Il dit :

« La lampe du corps, c'est l'œil. Si donc l'œil est sain, le corps tout entier sera dans la lumière. »

Il ne parle pas de l'œil physiologique, mais du mental qui voit par l'œil physiologique. Imaginez que pendant que quelqu'un vous parle, vous êtes en train de rêver. Vous n'écoutez pas votre interlocuteur, vous ne le voyez même pas. Pourquoi ? Parce que les oreilles et les yeux sont exactement comme des fenêtres. S'il n'y a personne dans la maison, les fenêtres ne vont rien voir par elles-mêmes. Vous avez peut-être un micro. Il ne peut pas entendre qui que ce soit par lui-même. De même, si le mental n'est pas raccordé aux sens, connecté aux sens à ce moment-là, il n'y a pas de perception. Les sens sont juste des fenêtres par lesquelles le mental perçoit les objets et en reçoit des impressions.

Si le mental va bien, « *si l'œil est sain* », alors tout le corps est rempli de lumière. Que veut-il dire par « être sain » ? Il veut dire avoir un mental pur, sattvique, un mental rempli de la présence divine.

« *Mais si l'œil est malade, le corps tout entier sera dans les ténèbres. Si donc la lumière qui est en toi est ténèbres, de quelles profondes ténèbres doit-il s'agir !* »

De quoi parle-t-il ? Si, sur le plan physique, il n'y a pas de lumière, alors nous sommes dans l'obscurité. Mais spirituellement parlant, s'il n'y a pas de lumière spirituelle, la lumière de Dieu ou celle du maître spirituel, alors nous sommes dans l'obscurité spirituelle. Et c'est la condition idéale pour faire l'expérience de la confusion et du chagrin.

Lorsque quelqu'un se trouve dans cette confusion et ce gouffre de ténèbres, à cause de ses pensées matérialistes qui ne lui apportent aucune solution, Amma dit qu'une guérison radicale peut s'opérer si on lui apporte de la lumière.

C'est comme un enfant qui croit qu'il y a un monstre dans une pièce obscure. Il y entre avec sa raquette de tennis en la faisant tournoyer. Il veut se débarrasser du monstre. Il peut crier, mais ce n'est pas une méthode très efficace. Que faire ? Apporter une lampe ! Il doit allumer la lumière dans la chambre obscure. Alors les ténèbres s'évanouiront et il verra clairement ce qu'il y a à l'intérieur.

De la même façon, Amma dit que nous avons besoin de lumière pour nous débarrasser de l'obscurité spirituelle qui nous plonge dans la confusion et la dépression. De quelle lumière s'agit-il ? Écoutez ce qu'elle dit :

> « *La route vers la Libération est un dédale complexe de différents chemins qui s'entrecroisent, un labyrinthe. En avançant dans ce labyrinthe, il se peut que l'aspirant spirituel ne soit pas capable de se diriger...* »

La vie est comme cela : vous ne savez pas toujours où vous devez tourner.

> «*... Suivre une voie spirituelle sans l'aide d'un gourou équivaut à prendre la mer seul sur un minuscule bateau qui n'est pas équipé des instruments nécessaires, pas même d'une boussole pour vérifier la direction dans laquelle vous naviguez. Souvenez-vous que le chemin qui mène à l'état de réalisation du Soi est très étroit. Deux personnes ne peuvent pas y marcher ensemble main dans la main, épaule contre épaule, en compagnons. On avance seul sur ce chemin.* »

Quelqu'un a demandé à Amma : « Allons-nous atteindre *moksha* ? » *Moksha* signifie la Libération. Amma a répondu :

> « *Ne dis pas »nous», car la Libération n'est pas une chose qui se partage. C'est une expérience individuelle, et celui qui atteint la Libération est celui qui a travaillé pour ça.* »

> « *Sur le chemin spirituel, il y a une lumière qui nous guide..* ». *Nous arrivons maintenant au point dont je voulais parler.* «*...Cette lumière qui éclaire le chemin est la grâce du gourou. Le gourou marche en avant et éclaire le chemin tandis qu'il nous guide lentement et avec beaucoup d'attention.* » *Lentement et avec beaucoup d'attention. Alors, n'ayez pas peur.* « *C'est trop pour moi. Je ne peux*

*pas y arriver. C'est trop loin. C'est trop élevé pour moi. »
Ne pensez pas ainsi.*

Amma va nous attendre. Elle n'est pas pressée. Elle est éternelle. Même quand son corps ne sera plus, elle sera toujours là. Amma a des milliers de corps. Elle peut venir des millions de fois, et elle le fait sans hésiter. Elle peut attendre indéfiniment, que nous prenions lentement le chemin qu'elle nous montre.

« Le gourou connaît toute la complexité des chemins du cœur. La lumière de sa grâce nous permet de voir les obstacles, de les surmonter, et d'atteindre le but ultime. Mes enfants, c'est seulement par compassion que le gourou descend pour cheminer avec nous. Nous le suivons lentement et c'est la lumière de sa grâce qui nous autorise à le faire. C'est sa grâce qui nous protège et nous évite de tomber. C'est elle qui nous aide à ne pas nous perdre dans les ténèbres de l'étroit sentier et à ne pas glisser dans les pièges dangereux. »

Même après que nous ayons abordé la vie spirituelle, les tentations, les faiblesses et les autres problèmes vont continuer de se présenter. Ils ne vont pas simplement disparaître. Mais dorénavant, nous disposons d'une lampe, d'une torche. Nous avons la lumière de la grâce du gourou qui éclaire le chemin. C'est une expérience très concrète. Une fois que vous vous êtes reliés à Amma, qu'arrive-t-il ? Un dévot a dit un jour en plaisantant : « J'étais tellement heureux avant de connaître Amma ! »

C'est une affirmation très profonde et également très vraie. Nous étions tous très heureux à simplement faire tout ce qui nous plaisait, et puis nous avons rencontré Amma. La lumière de sa grâce a commencé à se manifester un peu, même si nous n'en avions pas encore conscience. Nous ne savions pas qu'elle disposait d'une lumière à l'intérieur de nous. Cette petite lumière s'est mise à éclairer tous les défauts et les choses désagréables qui sont à l'intérieur de nous.

Lorsque nous découvrons tous ces parasites qui pullulent en nous, nous croyons qu'ils viennent juste d'arriver. Mais en réalité, ils ont toujours été là. Seulement nous ne le savions pas, parce que jusqu'à présent, il n'y avait pas de lumière à l'intérieur. Amma donne l'exemple d'une pièce qui vient d'être balayée. Le sol semble bien propre, mais si vous passez ensuite la serpillière, vous verrez toute la saleté qui s'y trouve encore. De même, vous croyez être quelqu'un de bien, mais si vous restez avec Amma, la vraie bonté se mettra à rayonner dans votre cœur et vous verrez qu'il y a encore de nombreuses imperfections en vous que vous n'aviez jamais remarquées auparavant.

Amma dit que ce qui nous permet de dépasser ce stade, de traverser « la nuit obscure de l'âme », c'est la grâce du gourou. Elle existe réellement. Et si nous la suivons, il y a une sorte de lumière qui nous guide et nous fait sentir : « Voilà ce qui est juste, et cela, c'est mauvais. Je dois faire ceci. Je ne dois pas faire cela. » Une forme d'intuition se réveille. Si nous suivons cette lumière intérieure et les instructions qu'Amma donne à l'extérieur, qu'arrive-t-il ?

Se laisser guider par le gourou extérieur

Certains vont dire à Amma : « Je sens qu'à l'intérieur, tu m'as dit de faire telle et telle chose. » Alors il arrive qu'Amma réponde : « Eh bien, c'est faux. » et elle les conseille autrement. Nous devons considérer ce qu'elle dit à l'extérieur comme la priorité numéro un, et ce que nous ressentons à l'intérieur comme le numéro deux, pas l'inverse. En faisant cela, en suivant les instructions qu'Amma donne à l'extérieur et le ressenti de notre for intérieur, nous verrons le mental commencer à se purifier. Il se purifie et se concentre.

Il se stabilise. Vous discernez une direction et développez votre volonté. Le nombre de pensées se réduit. Vous commencez à savourer la paix. Et puis cette lumière, qui jusque là était une chose abstraite dont vous ne ressentiez que les effets, devient visible. De la même façon que vous voyez la lumière matérielle, vous pouvez voir la lumière du gourou. Vous pouvez voir et sentir la grâce et la présence de Dieu. Vous pouvez voir cette lumière divine à l'intérieur de vous. Vous aurez l'impression que la lune brille en vous, mais il s'agit d'une lumière vivante.

Comme Jésus l'a dit : « *Les autres peuvent vous donner de l'eau, moi, je vous donne l'eau de la Vie.* » Il compare l'eau à la grâce, à la présence divine. C'est quelque chose que vous pouvez réellement voir et qui va finalement remplir tout ce que vous voyez. Si vous portez des lunettes de soleil vertes, tout apparaît vert. Si la lumière de Dieu brille en vous, tout apparaît baigné de lumière divine. Donc, comme le dit le Christ, si votre œil est plein de lumière, si le mental fait l'expérience de la présence divine, alors, votre corps est également rempli de lumière. Vous rayonnez de lumière.

Vous avez déjà vu des représentations de saints ou de dieux. Ils ont une auréole autour de la tête, une sorte de lueur, ou de halo. Celui qui fait l'expérience de cette lumière intérieure a l'impression de rayonner, même si les autres ne sont pas forcément capables de le voir. C'est un phénomène subtil. Cette lumière n'est pas matérielle, elle est spirituelle, mais elle peut illuminer le corps physique. Les gens peuvent presque voir cette lumière émaner d'un être comme Amma. On dit que cette lumière intérieure peut devenir si intense que la personne disparaît, elle se dissout dans la lumière de la pure conscience.

Il y a environ cent ans, Ramalinga Swami vivait au Tamil Nadu. Sa lumière intérieure s'était tellement intensifiée qu'il a disparu en elle. Son corps s'est dissout dans la lumière. Mirabai aussi a connu la même expérience. Beaucoup d'entre vous ont entendu parler d'elle. Elle s'est avancée tout près de l'image du Seigneur Krishna dans un temple et qu'est-il arrivé ? Mirabai était tellement remplie de Dieu que son corps s'est dissout en lui, dans la lumière divine. Elle a disparu dans un éclair !

Il y a eu ainsi une quantité de saints, qui se sont tellement remplis de Dieu, que plus rien d'autre ne restait. Même leur corps s'est transformé en lumière divine, en Présence. C'est de cette lumière que François parle dans sa prière. Il existe un passage dans le Nouveau Testament qui décrit la transfiguration du Christ :

> *« Au bout de six jours, Jésus prit Pierre, Jacques, son frère Jean, et les emmena seuls sur une haute montagne, (on peut encore voir cette montagne, on l'a appelée la Montagne de la Transfiguration.) et il fut transfiguré devant eux. Son visage brillait comme le soleil et ses vêtements devinrent aussi blancs que la lumière. »*

Ils ont reçu l'expérience de voir leur gourou rempli de lumière divine. Il ne suffit pas de la souhaiter pour pouvoir faire cette expérience. Elle n'arrive que par la grâce.

> *« Là où il y a la tristesse, que je sème la joie. »*

Que nous soyons enfant, adolescent, adulte ou vieillard, nous avons tous des moments de tristesse. Nous devons nous interroger : « Que disent les sages à propos de la tristesse ? Pourquoi devenons-nous tristes ? Qu'a dit Le Bouddha à ce sujet ? Vous savez qu'il a médité sur cette question pendant des jours et des jours. Il marchait de long en large et réfléchissait à ce problème : « Pourquoi devient-on triste ? Tout le monde veut être heureux, mais tout le monde est triste. » Il a affiné ses réflexions jusqu'à les ramener à un seul point. Et quel était ce point ? La cause de la souffrance, c'est le désir.

Lorsque nous entendons cela, nous pensons que la solution est de changer nos désirs, de nous adapter, mais cela ne marche pas ainsi. La solution est d'aller au-delà du désir. Les mahatmas aussi doivent faire face à des situations fluctuantes. Ils ont aussi des désirs superficiels, mais ils vivent en un lieu qui n'est pas perturbé par la souffrance, dans une dimension sereine et pleine de béatitude. Alors, quand nous rencontrons une personne triste, c'est cela qu'il faut essayer de lui expliquer d'une manière ou d'une autre. Ce sont nos désirs insatisfaits qui engendrent notre tristesse. Mais il est impossible de satisfaire tous nos désirs. Nous devons cultiver un certain détachement à leur égard.

La vie spirituelle peut être difficile au début

Je vous lis une citation de la Bible :

> « *Une femme souffre, pendant qu'elle accouche, car son heure est venue. Mais dès qu'elle a donné naissance à sosn enfant, elle ne se souvient plus de sa douleur, elle est transportée de joie à l'idée qu'un être humain soit né en ce monde.*»

Lorsque nous commençons à mener une vie spirituelle, il se peut que nous rencontrions beaucoup de difficultés d'ordre spirituel. Mais une fois que la période de pure discipline est passée, nous commençons à vraiment savourer la félicité intérieure. Nous goûtons le fruit. C'est un peu comme de donner naissance. Vous faites naître cette béatitude. Mais avant, vous passez par les douleurs de la *sadhana*.

> « *Ainsi, maintenant vous souffrez, mais quand je reviendrai, je vous verrai de nouveau, et votre cœur se réjouira, et personne ne pourra vous ravir cette joie.* »

Ce sont les paroles de Jésus. Maintenant vous êtes tristes parce que vous essayez de réaliser Dieu, de développer la foi et la dévotion envers votre gourou, de purifier le mental et de vous débarrasser de vos pensées et de vos émotions négatives. Et cet effort vous rend parfois malheureux. « *Mais quand je reviendrai* » signifie « quand vous obtiendrez la vision de Dieu », personne ne sera alors capable de vous ôter votre joie. Lorsque vous obtiendrez la béatitude intérieure, personne ne pourra jamais vous la prendre. Les gens peuvent se saisir de votre corps. Ils peuvent vous jeter en prison et vous tuer, mais ils ne peuvent vous dérober quelque chose qui est indépendant, au-delà du plan physique, c'est-à-dire la béatitude intérieure, l'*atmananda*.

Ce sont des graines de béatitude que nous sommes censés semer dans le cœur de ceux qui sont tristes. Ne vous contentez pas de les rendre momentanément heureux ou de leur donner ce qu'ils désirent, mais plantez les graines de la béatitude intérieure en eux. Autrement dit, ce qu'Amma affirme, c'est que la solution à tous les problèmes se trouve dans la spiritualité. Les autres moyens ne sont que des améliorations provisoires.

> « *Ô maître divin, accorde-moi de ne pas chercher tant*
> *À être consolé, qu'à consoler*
> *À être compris, qu'à comprendre*
> *À être aimé, qu'à aimer.* »

Nous avons tous le sentiment de vide, l'impression que quelque chose manque. C'est pourquoi, lorsque nous sommes tristes, nous souhaitons que les autres nous consolent et nous voulons qu'ils nous aiment. Nous voulons que personne ne nous insulte ni ne se moque de nous, et nous voulons que tout le monde nous comprenne. François dit ici qu'il faut essayer d'atteindre un état dans lequel nous n'avons plus aucun besoin de cela. Nous sortons de toute préoccupation personnelle car nous devenons altruistes et quand cela se produit, nous sommes une bénédiction pour le monde. Au lieu d'obtenir le bonheur en étant égoïstes, nous découvrons le bonheur de servir les autres.

« Car c'est en donnant que nous recevons. »

C'est la suite. Pourquoi ? Parce qu'en donnant, nous sommes ceux qui reçoivent. Ralph Waldo Emerson a dit : « C'est l'une des plus belles compensations de cette vie que personne ne puisse sincèrement tenter de servir son prochain sans se servir lui-même. » Si vous aidez quelqu'un, vous vous aidez vous-même, que cela ait été votre intention ou pas. Vous en retirez un sentiment d'élévation.

Un père et son fils au cirque

Un jour un cirque est arrivé et beaucoup de gens y sont allés. Un père et son fils faisaient la queue pour acheter leurs tickets. À cette époque-là, ce garçon et son père allaient au cirque une fois tous les deux ans. Dans la file à côté d'eux se trouvait une famille, une mère, un père et cinq ou six enfants. On devinait qu'ils étaient très pauvres à la façon dont ils étaient habillés. Ils portaient des vêtements propres mais simples et usés.

Le père était très heureux et fier de pouvoir, pour la première fois de leur vie, amener toute sa famille au cirque. Quand ils sont arrivés au guichet, la dame qui vendait les tickets a demandé : « Combien de personnes ? » « Sept ». Elle a calculé : « Quarante Euros. » Le père de famille a sorti tout son argent mais il n'en avait pas assez. Il lui manquait vingt Euros. Que faire ? Avec sa famille, il venait de très loin, il avait beaucoup dépensé pour le trajet, et maintenant, voilà qu'il n'avait plus assez d'argent pour payer les tickets. N'étant jamais allé au cirque il ignorait le prix des entrées.

Dans l'autre file, le monsieur qui faisait la queue avec son fils a compris ce qui se passait. Il a sorti un billet de vingt Euros, mais vous savez ce qu'il en a fait ? Il l'a caché dans sa main, s'est penché près des pieds du père de famille, a laissé tomber l'argent par terre et l'a ramassé en disant : « Monsieur, ce billet vient de tomber de votre poche. » Le père de famille l'a regardé, très ému. Il savait que cet argent ne s'était jamais trouvé dans sa poche. Il a accepté le billet en disant : « Merci Monsieur, merci beaucoup. » Ils ont tous pu avoir un ticket, ils sont entrés, et tout le monde était ravi. Cela les a rendus heureux pour toute la journée.

Quant au monsieur avec son fils, Il n'avait plus assez d'argent pour payer leurs tickets. « J'espère que ça ne te rend pas triste » a demandé le père. « Papa, je ne suis pas triste du tout. En fait, je n'ai jamais été aussi heureux de ma vie. Je suis bien plus heureux que si j'avais été voir le spectacle. »

Ils ont fait l'expérience que « *C'est en donnant que nous recevons.* » C'est une histoire vraie ! Quelqu'un a compilé un recueil de ce genre d'heureuses expériences. Les gens dont il écrivait l'histoire ont confié à l'auteur que ces moments où ils avaient pu faire le bonheur de quelqu'un en difficulté avaient été les instants les plus heureux de leur vie. Voilà ce que signifie « *C'est en donnant que nous recevons.* »

Incidents illustrant le pardon infini d'Amma

« *C'est en pardonnant que nous sommes pardonnés.* »

En Amma, nous trouvons le pardon incarné. Pour en prendre conscience, il suffit de lire l'histoire de sa vie. Laissez-moi vous donner une liste incomplète de ce qu'elle a pardonné au cours de sa vie.

Tout d'abord, il y a eu le harcèlement de sa famille, les mauvais traitements constamment infligés par son frère et ses cousins qui ont essayé de la tuer. Après cela, quand le Krishna Bhava a commencé, les villageois sont devenus jaloux. Ils se sont mis à l'insulter et même à lui jeter des pierres.

Ensuite, lorsque le Dévi bhava a débuté, le groupe des « Rationalistes » s'est constitué. Il rassemblait un millier de jeunes gens des villages de pêcheurs de la côte ; ils avaient décidé de convaincre Amma d'imposture, ou de l'assassiner. Et qu'ont-ils fait ? D'abord, ils ont inondé les villages environnants d'affiches pour la « dénoncer ». Et comme cela n'a pas marché, ils sont allés à la police pour déposer contre elle des pétitions falsifiées.

En fait, Amma a écrit le chant « Bhagavane, Bhagavane, Bhaktavasala Bhagavane » au moment de cet incident. Amma a dit à la police : « *Passez-moi les menottes, emmenez-moi en prison. Je serai très heureuse d'y aller. Je pourrai m'asseoir là-bas pour méditer. Personne ne me dérangera. C'est un bon endroit pour cela.* » Les policiers se sont inclinés devant elle et sont partis. Nous voyons aujourd'hui que tout le monde adore Amma, mais que de moments difficiles elle a traversés ! Elle a une force intérieure immense.

Comme les fausses pétitions n'avaient pas marché, les Rationalistes ont décidé d'assassiner Amma. Ils ont versé du poison dans du lait avant de le lui donner. Mais elle n'en est pas morte. Elle l'a avalé, pour le vomir quelques instants plus tard. Alors ils ont décidé d'essayer autre chose : la magie noire. Ils ont envoyé un sorcier au darshan, mais cela n'a rien donné non plus. Ensuite, ils ont essayé une autre ruse : ils ont répandu des épines empoisonnées à l'endroit où Amma allait danser avant le Dévi Bhava. Elle a dansé sur les épines empoisonnées en ordonnant à tout le monde de rester à l'écart. Elle a sauté et virevolté sur ces épines, mais il ne s'est rien passé. Elle s'en est sortie sans une égratignure.

Finalement, ils ont eu recours à un assassin. C'était pendant un Dévi Bhava. Le temple était alors minuscule, même pas trois mètres sur trois, avec une petite porte sur le devant. Il pouvait à peine contenir vingt personnes. L'assassin s'est approché de la porte et il est entré avec la ferme intention de tuer Amma. Elle s'est contentée de le regarder et de lui sourire, et il s'est passé quelque chose en lui. Il est tombé à ses pieds en pleurant, et a tout avoué. Plus tard, il est devenu l'un des proches dévots d'Amma.

Quelle a été l'attitude d'Amma au travers de toutes ces épreuves ? Bien au-delà du pardon. Elle n'utilise même pas le mot « pardon ». Si quelqu'un se conduit mal envers elle et vient plus tard lui demander : « Amma, s'il te plait, pardonne-moi. » Elle va dire : « *Pardonner quoi ? Tu n'as rien fait de mal mon enfant. Tu es seulement comme un bébé. Qu'y a t-il à pardonner ?* » Voilà l'attitude d'Amma. Que nous ayons sept ou soixante-dix sept ans, pour elle, nous sommes tous de petits enfants. Elle sait qu'elle est la Mère Divine. Nous devons essayer de suivre un peu son exemple. Nous devons au moins pardonner, développer notre conscience divine et considérer chacun comme notre enfant. Ainsi, il faut pardonner, et nous serons alors pardonnés.

Tous les mahatmas disent que l'ego doit mourir

Jésus dit :

> « *Assurément je vous le dis, à moins que le grain de blé ne tombe dans la terre et ne meure, il reste seul. Mais s'il meurt, il produit beaucoup de grains. Celui qui aime sa vie la perdra, et celui qui n'aime pas la vie en ce monde la gardera pour la vie éternelle. C'est en mourant que nous naissons à la vie éternelle.* »

Qu'est-ce que cela signifie ? Le premier point affirme que, si l'ego diminue et que nous devenons humbles, nous pouvons donner des fruits spirituels. Amma dit la même chose avec la même image. Si le grain dit : « Je ne vais pas m'abaisser. Je ne vais pas vous laisser m'enterrer dans cette terre dégoûtante », il ne peut pas grandir. Il va seulement se dessécher et mourir. Mais s'il consent à s'abaisser pour aller dans la terre, il peut produire tout un champ de blé et nourrir beaucoup de gens.

Si nous voulons rester accrochés à l'ego, c'est possible. Mais nous mourrons ainsi. Alors que si nous nous abaissons, si nous voulons nous débarrasser de cet ego, si nous nous abandonnons, nous produirons des fruits. Si nous sommes trop attachés aux choses matérielles, ce sera très douloureux d'en être séparés. Quand nous décéderons, nous perdrons tout. Mais celui qui meurt alors qu'il est encore en vie, autrement dit, celui dont le mental se retire pour voir la lumière intérieure, et y trouver son bonheur, celui-là atteint la vie éternelle. Quand son corps trépasse, il atteint consciemment l'immortalité. Il sait qu'il est l'Atman, l'âme.

Le gourou viendra au secours du disciple

Nous sommes particulièrement bénis d'avoir Amma avec nous car c'est un être semblable au Christ. Nous avons un gourou vivant. C'était notre destin de devenir ses dévots et ses disciples. Ce n'est pas arrivé par hasard. Et grâce à cette chance, nous n'avons pas de soucis à nous faire. Même si nous parlons de toute cette *sadhana* qu'il nous faut pratiquer pour purifier le mental, en réalité nos efforts comptent très peu. Amma dit qu'au bout du chemin, elle nous tirera à elle. Elle se trouve de l'autre côté de ce monde. Le moment venu, elle n'aura qu'à nous attraper et nous tirer pour nous faire traverser le Pays de la Béatitude, le royaume des Cieux. Elle peut affirmer cela, car elle sait qui elle est. Voici ce que Jésus dit :

« Alors les gens firent cercle autour de lui et lui dirent : « Combien de temps encore vas-tu nous maintenir dans le doute ? Si tu es le Christ, dis-le-nous ouvertement ! » (C'est-à-dire, si tu es l'Incarnation de Dieu, dis-le-nous clairement.) Et Jésus leur répondit :

« Je vous l'ai dit et vous n'y croyez pas. Les œuvres que je fais au nom de mon Père en sont la preuve, mais vous ne me croyez pas car vous n'êtes pas de mon troupeau. Mes brebis écoutent ma voix et je les connais et elles me suivent. Je leur donne la vie éternelle, elles ne périront jamais et personne ne pourra me les arracher des mains. Mon Père, qui me les a données, est plus grand que tout et nul n'a le pouvoir de les lui arracher des mains. Mon Père et moi sommes un. »

Le gourou - I

P uisque nous sommes à Amritapuri, un sujet s'impose : le gourou, Amma. Amma a dit tant de choses à ce sujet. Dans le livre « Paroles d'Amma », tout un chapitre est consacré au gourou. Lisons le premier paragraphe :

> « *Une fois que nous connaissons un magasin dans lequel nous pouvons acheter ce dont nous avons besoin, pourquoi irions-nous fouiner dans toutes les boutiques du quartier ? Ce serait une perte de temps. Quand nous avons trouvé un maître parfait, le moment est venu de cesser notre errance et d'entreprendre une sadhana en nous efforçant d'atteindre le but. Le gourou lui-même viendra jusqu'au chercheur spirituel. Ce n'est pas la peine d'errer à sa recherche. Mais l'aspirant spirituel doit éprouver un détachement intense vis-à-vis du monde.*»

Tous les êtres vivants, que ce soient les plantes, les animaux, les humains ou même les dieux, ressentent comme une certaine agitation quelque temps après le réveil : « Il faut que je fasse ceci, il faut que je me procure cela. » Ils ont la sensation d'un manque et celui-ci est le moteur de toutes leurs actions. Et pourtant, dans le sommeil, nous ne ressentons rien de tel. Nous sommes calmes et paisibles, comme posés en nous-mêmes, mais dès que la

110

conscience du corps réapparaît, dès que la conscience du monde se manifeste, cette agitation revient.

Pour l'animal, l'affaire est très simple, parce que la seule chose qu'il souhaite, c'est de manger. Que font les animaux ? Si vous avez déjà observé un chien, un chat ou un oiseau, à partir du moment où il se réveille jusqu'à ce qu'il s'endorme, il cherche sa nourriture. Il passe toute sa vie à chercher de quoi manger. C'est sa priorité. Mais pour l'être humain, ce n'est pas aussi simple. Le mental est très complexe, car il est affublé d'un intellect.

Cette agitation, ce désir, peuvent prendre de nombreuses formes. L'être humain essaie par bien des moyens de calmer cette agitation, de satisfaire cette urgence. Mais qu'est-ce qui le pousse ainsi ? C'est la recherche intense du bonheur, tout le monde veut être heureux.

Tout se trouve à un stade particulier d'évolution spirituelle, et pas seulement nous qui sommes assis ici. Nous progressons spirituellement. Nous voulons mener une vie spirituelle et réaliser le Soi ou Dieu, mais tous les êtres sont, consciemment ou non, en train de faire la même chose. Tous effectuent le voyage de retour vers la Source, et la Source est le but que nous voulons atteindre. Tant que nous ne nous serons pas fondus, comme pendant le sommeil, dans la Source d'où naît notre pensée, l'agitation ne nous lâchera pas.

Cette immersion dans la Source a lieu quand nous dormons profondément, mais comme c'est un phénomène inconscient, il ne vaut pas grand-chose, spirituellement parlant. Physiquement, ce phénomène a une grande valeur car il permet au corps de se reposer. Mais pour que le calme parfait subsiste, c'est consciemment, pendant l'état de veille, qu'il faut unifier le mental à sa Source. C'est le but. C'est ce que nous cherchons à faire. Et tout évolue en direction de cet objectif.

L'histoire du satellite intelligent

Un film de science fiction, datant de plusieurs années, raconte l'histoire de quelques humains qui voyagent dans l'espace. Alors qu'ils se déplacent dans leur vaisseau spatial, ils aperçoivent quelque chose qui se dirige vers la Terre. Panique... « Qu'est ce que c'est que ça ? Quelque chose se dirige à très grande vitesse vers la Terre ! » Ils cherchent donc des informations.

Il s'agit d'une énorme formation céleste. Non pas seulement une formation, mais un très grand nombre d'étoiles et de galaxies. Quand ils arrivent au centre de cette masse gigantesque, ils découvrent un satellite qui a été envoyé par la Terre, il y a des milliers d'années. D'une certaine manière, ce satellite a développé un genre d'intelligence artificielle. Il a récolté une quantité de données provenant de tous les coins de l'univers avant d'en atteindre les limites extérieures. Il a tout appris à propos de tout et il s'est dit : « Maintenant que je connais tout, je veux découvrir mon créateur, ma source. » Il a donc fait demi-tour pour repartir dans l'autre sens, en empruntant le chemin qu'il avait pris à l'aller. Il se dirige maintenant vers la Terre, parce que c'est là que se trouve sa source, c'est là que demeure son dieu. Son dieu, c'est l'équipe des scientifiques de la NASA.

Le satellite prend contact avec le vaisseau spatial et explique : « Je suis à la recherche de mon créateur. » Comme le commandant du vaisseau est plutôt futé, il lui répond : « C'est moi ton créateur. » Il croit avoir résolu l'affaire en rusant, mais ce n'est pas le cas. Car le satellite demande : « Je veux ne faire plus qu'un avec toi. » Le capitaine acquiesce : « Je suis d'accord, essayons. » Alors le satellite prend possession en quelque sorte d'une femme de l'équipage. Puis cette femme et le capitaine s'enlacent. Une lumière éblouissante les entoure, ils se fondent en elle, et c'est ainsi que l'histoire se termine !

Voilà un film de science fiction qui a une signification profonde ! Mais l'histoire de ce satellite est valable pour tout le monde. Nous aurons beau tout apprendre dans l'univers, tout réaliser et tout accomplir, pourtant, à la fin, nous souhaiterons quand même revenir à notre source. Nous voudrons aller dormir. Pendant la journée, il se peut que vous ayez fait beaucoup de choses satisfaisantes ou déprimantes, mais dans un cas comme dans l'autre, quand vient la nuit, vous voulez aller dormir. Vous ne désirez pas rester perpétuellement éveillé. Vient un moment où vous sentez que vous en avez assez. Même un empereur, qui jouit de tous les plaisirs, de tout l'argent, de tout le pouvoir du monde, et qui est en parfaite santé, fait la même expérience. Sa reine a beau être celle qui lui tient le plus à cœur, s'il est fatigué et qu'elle lui propose : « Viens mon chéri, allons-nous amuser ! », il répond : « Très peu pour moi, j'ai besoin de dormir. » Donc, ce que l'on préfère même aux divertissements, c'est le sommeil, car le mental s'y relie à sa Source.

L'histoire du dévot rusé qui s'ennuie

Un dévot de la Mère Divine traverse un jour une ville. Il effectue un pèlerinage, mais il n'est pas complètement libéré de tout désir. Il est comme beaucoup d'entre nous. Nous aimons ce qui est spirituel, mais nous sommes aussi intéressés par ce qui appartient à ce monde.

Alors qu'il se promène dans les rues, il passe devant le palais du roi et entend du bruit qui vient d'en haut. Il regarde d'où provient ce remue-ménage et aperçoit au premier étage la princesse qui s'amuse avec ses amies. Elle est d'une grande beauté, et comme il la regarde bouche bée, il s'éternise, planté là dans la rue, tout émerveillé et perdu dans ce spectacle.

On rapporte au roi qu'un passant s'est permis de rester à dévorer la princesse des yeux, et le monarque devient furieux. Il fait venir le coupable devant la Cour et lui demande : « Qu'as-tu osé faire ? » L'homme répond : « La beauté est là pour ceux qui la regardent, pas pour ceux à qui elle appartient. »

Ce n'est pas le genre de choses qu'on peut dire à un roi. La rage du roi redouble et il ordonne : « Marquez-le au fer ! » (Ce qui veut dire : « Prenez un fer chaud et brûlez-lui le visage et le corps.) Puis mettez-le sur un âne et chassez-le hors de la ville, qu'il aille se faire oublier dans la jungle ! »

Aussitôt dit, aussitôt fait. Quelle fatalité ! Il est envoyé dans la forêt et finit par tomber de l'âne juste devant un temple de Kali. Dans la nuit, il se traîne tant bien que mal et pénètre dans le temple où il demeure prostré à verser toutes les larmes de son corps : « Mère, qu'ai-je fait ? Je suis désolé, s'il te plaît, viens à mon secours. Vois quel est mon sort à présent. Je suis devenu si laid ! » Il pleure à chaudes larmes, tant et si bien que Kali n'arrive pas à lui résister.

Amma dit que si vous pleurez vraiment très fort, Kali ne peut pas résister. Elle se manifeste devant lui et lui dit :

— « Mon fils, je t'offre la réalisation de trois vœux, quels qu'ils soient, je les exaucerai pour toi.

— Mère d'ici demain soir, je veux devenir le roi de Thanjur, (Thanjur est le domaine du roi qui l'a puni) et puis je veux épouser la princesse. Comme troisième souhait, je voudrais trois vœux supplémentaires. »

C'est un dévot malin, pas si innocent que ça, plutôt calculateur. Donc Kali répond : « Qu'il en soit ainsi. » Cette même nuit, le roi de Thanjur meurt. En ce temps-là, quand le roi mourait, on faisait sortir l'éléphant royal avec une guirlande de fleurs à la trompe. L'éléphant se promenait à l'extérieur de l'enceinte du palais et quelle que soit la personne à laquelle il mettait cette guirlande, elle devait succéder au roi.

L'éléphant royal sort donc au galop, se rend dans la jungle, se dirige droit sur notre homme et lui met la guirlande sur les épaules. Les gardes amènent le dévot au palais et le couronnent immédiatement. Alors qu'il est assis dans sa chambre royale, toutes les cicatrices de ses brûlures disparaissent. Il devient très beau. Dès que la princesse le voit, elle tombe amoureuse de lui, et ils se marient le lendemain. Ses deux premiers vœux sont donc réalisés. Il se trouve très heureux et vit de cette façon pendant quelque temps. Mais finalement, il n'est plus aussi satisfait. La reine et son royaume commencent à l'ennuyer. Alors il pense à Kali, car il a encore trois vœux, n'est ce pas ? Il prie :

— « Mère, s'il te plaît, manifeste-toi devant moi. Je voudrais que tu réalises mes trois vœux.

— Qu'est ce que tu veux ? lui demande Dévi en apparaissant devant lui.

— Une épouse ne me suffit pas. Je voudrais un millier des plus belles princesses qui existent dans le monde entier.

— D'accord.

— Et un seul royaume ne me suffit pas non plus. Je veux devenir le monarque de toute la terre, l'empereur universel.

— D'accord. Et quel est ton troisième souhait ?

— Pour le troisième, j'en voudrais encore trois.

— D'accord. » Et pouf ! La voilà partie !

Evidemment tout ce qu'il demande se manifeste. Par un heureux concours de circonstances, il devient le monarque universel, et toutes les princesses de la Terre arrivent en courant, et il épouse les mille plus belles. Il se trouve très heureux. Vous pouvez imaginer dans quel bonheur il baigne. Mais pas pour très longtemps.

Il recommence à s'ennuyer, malgré sa situation d'empereur du monde et la compagnie de toutes ces princesses. Il ne sait pas quoi faire. Il se met à lire des ouvrages spirituels. Il pense qu'il va peut-être y trouver une solution. Il lui vient alors une idée. Il prie Dévi une nouvelle fois, et de nouveau, elle lui apparaît.

— « Que veux-tu mon fils ? lui demande-t-elle.

— Je veux savoir tout ce qu'il est possible de savoir dans cet univers. Je veux l'omniscience.

— D'accord. Tu peux devenir pratiquement omniscient mais la véritable omniscience est réservée aux mahatmas.

— Bon, et je veux être capable de faire n'importe quoi, tout ce que je veux. Je veux pouvoir m'envoler jusqu'aux étoiles, aller sur les planètes les plus lointaines, et contrôler les pensées de tout le monde, et je veux pouvoir maîtriser les éléments.

— Qu'il en soit ainsi. Tu peux avoir une « omniscience limitée » et une « omnipotence limitée ». Quoi d'autre ?

— Et je veux trois autres souhaits.

— D'accord. » Elle disparaît.

Voilà que l'empereur est presque omniscient et omnipotent. Quelle expérience tenter désormais ? Que peut-il encore lui manquer ? Il reste une chose très importante. Bien qu'il rayonne de bonheur et de joie, que finit-il par lui arriver ? Qu'en pensez-vous ? Que lui arrive-il ? Hé oui, il recommence à s'ennuyer !

C'est une situation étrange. Car que vous reste-t-il à désirer quand vous êtes quasi omniscient et omnipotent ? Qu'existe-t-il de supérieur à cela ? Que pouvez-vous vous procurer pour vous débarrasser de votre ennui ? L'empereur ne sait pas quoi faire. Alors il reste là, perplexe.

Au bout de quelques mois, Dévi vient d'elle-même lui apparaître et l'interroge :

— « Que se passe-t-il ? Tu ne m'appelles plus ?

— Je ne sais plus quoi te demander.

— Eh bien, que veux-tu ?

— Je veux la paix mentale, je veux être heureux.

— Ohhhh ! Pour ça, tu as besoin d'un gourou ! Le gourou te montrera le chemin pour connaître le Soi, et avec la connaissance de Cela, tu atteindras la paix. »

La spiritualité commence par le discernement et le détachement

Voilà l'étape à atteindre. Tous les êtres vivants doivent évoluer jusqu'à ressentir ceci : « Tout est vain. Ce n'est plus la peine d'essayer autre chose. Je n'arriverai jamais à atteindre le but de ma vie, c'est-à-dire à être heureux. » Pensez-y. Nous arrivons tous à cette réflexion, qui que nous soyons, quoi que nous fassions.

Alors seulement commence la vie spirituelle. Vous avez pu tirer cette conclusion de vos propres expériences, ou bien, comme tant d'autres, de votre rencontre avec quelqu'un comme Amma, ou avec Amma elle-même. Sous son influence, vous avez compris que rien n'est plus précieux que la vie spirituelle, ou bien vous avez ressenti un bonheur que rien ne peut égaler.

La majorité des gens évoluent en affinant les désirs de leur enfance. D'abord, ils veulent la compagnie de leur mère, ensuite ils souhaitent avoir des amis, puis obtenir un travail ou étudier, faire une carrière, se marier, fonder une famille et finalement partir à la retraite. Ou, moins conventionnel : certains font l'expérience de la drogue, de l'alcool, du jeu, de la délinquance ou restent affalés sur leur divan devant la télé ! Toutes ces options sont autant de stratégies différentes pour être soi-disant heureux.

Mais d'une façon ou d'une autre, vous aboutissez à l'étape où vous sentez que tout est vain. On appelle cette compréhension *viveka* (le discernement). Si vous ressentez ou comprenez que tout est vide, cela signifie que vous avez atteint un certain niveau de discernement.

« Ce que je cherche doit se trouver ailleurs. » Cette affirmation exprime *vairagya* (le détachement). Vous perdez tout intérêt pour toute chose excepté le but spirituel élevé que vous vous êtes fixé et vous ressentez que c'est la seule voie à suivre.

Alors, ceux qui ne voient pas les choses comme vous vont dire : « Il ou elle ne va pas bien, ça ne tourne pas rond. C'est un cas de maladie mentale. » Eh bien, nous devons tous être fous ici, parce qu'à Amritapuri, nous ressentons tous cela !

Le détachement peut ressembler à une maladie mentale

Je connais assez bien une jeune fille qui est restée ici environ six mois. Son séjour terminé, elle est repartie en Amérique où je me trouvais à ce moment-là. En rentrant, elle ne s'intéressait plus à rien de ce monde. Ses parents se faisaient beaucoup de souci pour elle. Auparavant, elle aimait étudier. Elle voulait devenir artiste, avoir un ami et se marier. Et voilà que tout cela lui était devenu indifférent. Ce n'est pas qu'elle ne se passionnait plus pour rien. Elle souhaitait être en Inde, avec Amma. Elle avait goûté quelque chose en compagnie d'Amma en comparaison de quoi tout le reste semblait insipide.

Alors sa famille a pensé qu'elle était malade : « Elle ne va pas bien mentalement. » Et ils l'ont emmenée consulter un psychiatre. Il n'a diagnostiqué aucun trouble mental. Il a juste constaté qu'elle ne s'intéressait plus à rien. Selon la famille, cet état d'indifférence était mauvais. Elle-même avait des doutes : « Peut-être que je deviens bizarre ? »

Elle est venue au Centre et m'a raconté ce qui se passait. Je lui ai dit : « Tu n'es pas bizarre. Quiconque vit en compagnie d'Amma pendant six mois se met plus ou moins à ressentir la même chose que toi. L'atmosphère matérialiste qu'on retrouve en retournant chez soi paraît n'avoir aucun sens. En fait, on a l'impression que tous les autres sont fous. Qu'est-ce qui les fait courir ? Rien. Comment peuvent-ils être heureux avec des plaisirs qui durent à peine quelques minutes ?» Nous devons évoluer jusqu'à ce que la spiritualité devienne notre seul but. Il n'y a pas d'autre voie. Ensuite, c'est un point de non-retour. Autrement, si notre décision n'est pas ferme, il se peut que nous retournions dans le monde pour chercher à y être heureux. C'est ce qui arrive à beaucoup. Ils ont acquis un certain niveau de détachement, mais qui n'est pas suffisant pour être durable.

Ressentir le détachement face à un cadavre

Il existe différentes sortes de détachement dont vous avez peut-être entendu parler. L'un d'eux est *smasana vairagya*. Tout le monde comprend ce qu'est *vairagya*, le détachement. *Smasana vairagya* est le genre de détachement que vous ressentez lorsqu'une personne que vous connaissiez très bien meurt. Vous pensez alors : « Cela va m'arriver aussi. »

Ou bien vous l'éprouvez quand vous vous rendez à des funérailles. Si c'est ici en Inde, vous allez sur le lieu de la crémation. Vous voyez le corps brûler au milieu d'un empilement de bois. Si c'est dans un autre pays, vous assistez à la mise en bière et à l'enterrement. Lorsque vous regardez cela, si vous avez un minimum de bon sens, vous pensez : « Cela va m'arriver aussi. » Alors un sentiment de détachement par rapport à cette vie se manifeste : « Quel est le but de ma vie ? Tout ce que je fais…, à quoi ça sert ? Où suis-je en train d'aller ? Que va-t-il m'arriver au moment de la mort ? » Ce sentiment est appelé *smasana vairagya*.

Avant de rencontrer Amma, j'habitais à côté d'un terrain de crémation. J'y allais tous les jours. Certains cadavres étaient enterrés et d'autres brûlés. Parfois ceux qui étaient enterrés ne l'étaient pas assez profondément. Quand le terrain était désert, des chiens sauvages venaient y creuser des trous d'environ cinquante centimètres. Ce corps physique, qui nous paraît si précieux, que nous passons tellement de temps à laver, à coiffer et à admirer devant le miroir en espérant que tout le monde va nous trouver beaux car nous nous identifions à lui, eh bien ce corps n'est qu'un bout de viande pour le chien, seulement quelque chose à manger !

Voilà donc ce que faisaient les chiens. Ils creusaient pour trouver de quoi se nourrir, et déterraient les cadavres, ce qui dégageait une puanteur terrible sur des kilomètres. Parfois j'allais là-bas et j'observais ce qui se passait, non pas par fascination morbide, mais pour cultiver le détachement. Je m'asseyais là, sur le terrain de crémation, je contemplais le spectacle pendant un moment, puis je fermais les yeux et réfléchissais : « Voilà ce qui attend mon corps. Quand ? N'importe quand. Qui sait ? Tout peut arriver, à tout moment. »

Le corps est si délicat qu'un rien peut l'empêcher de fonctionner. Le cœur s'arrête. C'est fini, vous êtes parti. Vous avez une hémorragie. C'est terminé, vous vous en allez. Pas besoin qu'un train vous roule dessus ni qu'une balle de fusil vous abatte. Un tout petit rien suffit pour arrêter la machine. Donc je m'asseyais là pour méditer sur l'idée que ce qui arrivait à tel cadavre allait aussi arriver à mon propre corps.

Qu'est-ce qui, dans ce corps, a le sentiment d'être « je » ? Qu'est-ce qui perçoit les pensées ? Qu'est-ce qui fait se lever les bras ou se mouvoir les jambes? Avez-vous déjà remarqué que, tant que vous êtes en vie, vous ne sentez pas tellement le poids de votre corps, et cela, quel que soit votre embonpoint. Mais une fois mort, il faut quatre à six personnes pour soulever un corps. Qu'est-ce qui, dans le corps vivant, le met en mouvement si facilement ?

Toutes ces pensées me venaient en ce temps-là. Je m'intériorisais très profondément, car ce sujet me préoccupait sérieusement.

Je ne me contentais pas de lire des ouvrages au sujet de la mort, je voyais vraiment devant moi un cadavre qui était traité comme un bout de viande. Ce genre de spectacle était devenu une méditation pour entrer en contact avec mon âme, *l'Atma*, pour trouver le véritable Soi. J'entretenais le sentiment de *smasana vairagya*. Si nous sommes des *sadhaks*, si nous sommes des chercheurs spirituels, *smasana vairagya* persiste jusqu'à ce que nous réalisions le Soi. Mais ce qui arrive à la majorité des gens qui se rendent sur un lieu de crémation ou qui apprennent le décès d'un ami, c'est un état de choc temporaire. En effet, ils rentrent ensuite chez eux et retournent au monde ordinaire et à leurs affaires, comme auparavant. Maya les rattrape et leur fait penser : « Je ne vais pas mourir, alors pourquoi me tourmenter à ce sujet ? Je ne veux surtout pas penser à ce genre de choses, c'est affreux. Ce sont des pensées très négatives. » Mais croire « Je ne vais pas mourir » n'est guère réaliste.

On a demandé à Yudishthira, un roi de l'Antiquité indienne : « Quelle est la plus grande merveille en ce monde ? » Il a répondu : « C'est que chacun pense qu'il ne va pas mourir alors qu'il voit tous les autres mourir autour de lui. »

Un maître spirituel est indispensable

« Le maître spirituel est indispensable au chercheur. Quand l'enfant s'approche du bord de l'étang, sa mère lui fait remarquer le danger et l'en éloigne. De même, au moment opportun, le maître donnera au disciple des instructions appropriées. Son attention reste toujours fixée sur le disciple. »

Avant que l'imprimerie n'arrive en Inde et dans le reste du monde, vous deviez aller voir un gourou pour étudier les Écritures. Mais de nos jours, vous pouvez vous rendre dans n'importe quelle librairie et y trouver des livres sur le Védanta, Brahman, l'Atman et les enseignements de différents maîtres spirituels. Il semble possible d'étudier le Védanta tout seul. Vous pouvez vous convaincre que vous avez atteint un certain niveau spirituel, voire même la réalisation du Soi.

Mais autrefois, vous ne pouviez pas faire cela. Vous alliez dans un *Gouroukoula* (un ashram) pour étudier avec un maître spirituel. Et le gourou ne vous enseignait pas tout du premier coup. Il vous fallait vous plier à une discipline régulière qui vous faisait mûrir progressivement. Le moment venu, c'est votre maturité spirituelle qui permettait aux enseignements des Écritures de porter leurs fruits.

Voici l'histoire du disciple qui va voir un gourou parce qu'il souhaite être initié et étudier le Védanta. Le gourou lui promet : « Je t'enseignerai le Védanta, mais pour le moment, va à l'étable, prends une pelle et ramasse les bouses de vache. »

Le disciple se met donc à la tâche, et cela pendant des mois et des années, et le gourou ne lui adresse plus la parole. Dix ou douze ans plus tard, le disciple commence à voir que tout est rempli de la présence du gourou, parce qu'il pense constamment à lui. Il travaille de façon désintéressée et considère toutes ses actions comme une offrande faite à son maître.

Lorsque le disciple atteint ce niveau de dévotion, le gourou l'appelle et lui donne le mantra du Védanta. Une seconde suffit ! Le disciple réalise la Vérité alors qu'il n'a rien fait d'autre que de pelleter de la bouse de vache pendant douze ans.

Ce n'est pas exagéré. Il y a beaucoup de gens ici qui épluchent des légumes ou paginent les publications depuis douze ans. S'ils le font avec l'attitude juste, comme une offrande à Dieu, comme un exercice de concentration et de purification, ils ont dû faire des progrès spirituels. Certains disent : « Mes compétences ne sont pas utilisées. Je sais faire ceci et cela, mais tout ce que je fais ici, c'est de pelleter la bouse dans l'étable et paginer les publications. Je devrais plutôt enseigner à l'école d'informatique. J'ai toutes les connaissances requises pour cela. »

Ce que vous connaissez ou savez faire n'a pas vraiment d'importance dans la vie spirituelle. Ce qui importe, c'est votre concentration et votre dévouement. Rien d'autre. Cela devrait être notre seule ambition. Notre but devrait être de réaliser Dieu, pas seulement d'être des *karma yogis*, tout le temps engagés dans une action ou une autre. Toute cette activité doit avoir un but, et ce but, c'est la purification mentale.

Comme on peut désormais prendre connaissance du Védanta simplement en lisant des ouvrages spirituels, la nouvelle mode est de penser qu'il n'est pas nécessaire d'avoir un gourou. Il suffirait de faire une *sadhana*. Mais si vous observez tous les sages et les mahatmas authentiques, en Inde en tout cas, tous, à part quelques exceptions, ont eu un gourou. Même ceux qui n'en ont pas eu un sous une forme physique, en ont eu un de façon plus subtile.

Par exemple, Amma n'a pas eu de gourou, mais elle peut affirmer que Dévi était son gourou. D'une certaine façon, je dirais que Damayanti Amma, la mère d'Amma, a été son gourou. Si vous lisez la vie d'Amma, Damayanti Amma disciplinait constamment sa fille, et Amma assurait qu'elle y voyait la main de Dieu pour lui apprendre à être plus attentive, plus soumise, et à mieux accepter.

Vu sous cet angle, on peut dire que Damayanti Amma était son gourou, ou bien que la Mère Divine avait ce rôle. Vous connaissez ce chant, « *Ananda Veedhi* » dans lequel Amma parle de sa Réalisation ? Elle y explique que Dévi lui est apparue pour lui confier la mission qu'elle accomplit aujourd'hui. Dans ce sens, vous pouvez dire que Dévi a été son gourou.

Ramana Maharshi non plus n'a pas eu de maître, mais il disait qu'Arunachala Shiva était son gourou. Anandamayi Ma également ne semble pas en avoir eu, mais il est possible qu'un être subtil la guidait.

Donc, mis à part ces trois ou quatre personnes, je n'ai jamais entendu parler d'un grand sage ou d'un être réalisé qui n'ait pas eu de gourou. Et les rares exceptions en ont eu un de manière subtile ou bien la lumière divine brillait si fort en eux qu'elle a joué le rôle de maître spirituel. Soit, il s'agissait d'avatars qui n'avaient pas besoin de guide, soit, ils avaient déjà fait tant de *sadhana* dans leurs vies passées qu'ils étaient déjà pleinement éveillés. Il ne leur fallait qu'un tout petit complément de pratique pour réaliser Dieu. Ils n'avaient pas besoin de gourou, mais nous, si.

La matière enseignée par le maître spirituel est très particulière. D'ailleurs, même pour étudier un sujet profane, vous avez besoin d'un professeur pour le maîtriser. Autrement vous passez beaucoup de temps à tâtonner et à vous tromper. Les professeurs ordinaires vous enseignent comment utiliser le mental ou l'intellect pour comprendre ou accomplir quelque chose, mais le gourou vous apprend comment amener l'intellect à s'arrêter.

Tout le monde nous enseigne l'utilisation de l'intellect, mais le gourou nous apprend à arrêter de l'utiliser. Nous pouvons avoir l'impression de savoir ou de pouvoir connaître une foule de choses, mais la connaissance de Dieu ou de l'Atman n'est pas du même ordre que celle du monde des objets. Pour connaître Dieu, le mental doit s'immobiliser. Alors seulement la connaissance du Réel peut se manifester dans tout son éclat.

Alors comment allons-nous apprendre cela ? Nous n'en avons pas la moindre idée. Nous ne pouvons être instruits que par quelqu'un qui vit dans cet état au-delà de l'intellect. Et ce n'est pas en lisant, ni en pratiquant une *sadhana* que nous pouvons acquérir cette connaissance subtile, c'est avec un maître spirituel.

Le gourou enlève l'ego

Il y a une autre raison pour laquelle le gourou est nécessaire. L'ego. La moitié de la vie spirituelle consiste à se concentrer. Vous faites du *japa*, vous chantez des *bhajans*, vous méditez, vous étudiez et vous écoutez des *satsangs*. Qu'essayons-nous de faire avec toutes ces pratiques ? Nous tentons de concentrer le mental qui est habituellement dispersé, et doit devenir calme pour faire l'expérience du Soi.

Mais il y a une autre facette à ce problème. Le Védanta dit que le mental a deux aspects, un : l'agitation ou la distraction, et deux : la projection ou le fait de voiler la Vérité. La tendance du mental à s'agiter disparaît grâce à la méditation et à d'autres *sadhanas*, mais le voile qui dissimule la Réalité vient également de ce que nous appelons l'ego. Le soleil est là, et je suis ici, mais entre le soleil et moi se trouve un nuage qui m'empêche de voir le soleil. De la même façon, *l'Atman* ou Dieu est là et je suis ici, mais je ne le vois pas, je ne fais pas l'expérience de Dieu tel qu'il est. Je ne perçois pas le Soi véritable. Pourquoi ? Parce qu'entre lui et moi se trouve un être fantôme : l'ego.

Qu'est-ce que l'ego ? C'est la personnalité qui s'est identifiée à la forme, au corps, voilà ce qu'est l'ego. C'est une chose très subtile. Nous n'expérimentons rien d'autre que lui. Il n'est pas grossier comme le corps physique. L'ego, c'est notre propre pensée, notre propre personnalité. Nous n'en connaissons pas tous les coins et les recoins. Nous ne savons pas ce qu'est l'état sans ego. Nous avons besoin du gourou qui est allé au-delà de l'ego, qui n'ignore aucune de ses ruses, aucun de ses tenants et aboutissants pour être en mesure de le purifier.

L'ego est opaque, comme un nuage, et très agité. Ceux parmi vous qui ont lu la *Gita* connaissent ces termes : *tamogouna, rajogouna, sattvagouna*. Ce sont les trois *gounas* de la nature. Chez la plupart d'entre nous, l'ego est tamasique ou rajasique. Quelques unes des caractéristiques de *tamas* sont le manque d'attention, la paresse, l'envie de dormir, l'erreur, l'obstination et la dépression. Certains tombent dans la dépression et n'arrivent pas à en sortir. C'est une particularité tamasique. L'ego a aussi des tendances rajasiques : son agitation, ses passions comme la colère, le désir, l'orgueil et l'avidité qui sont des distractions continuelles pour le mental. Ainsi, nous sommes soit inertes, soit distraits. Dans un cas comme dans l'autre, cela nous empêche de voir la lumière du Soi.

Le mental doit devenir transparent. Ce n'est pas un état sans mental que nous recherchons, mais un mental si transparent que nous percevons la Réalité qui rayonne derrière lui. Le mental transparent est appelé sattvique. Ces trois termes désignant les *gounas* sont couramment utilisés dans la vie spirituelle. Nous devons tous nous familiariser avec eux.

Le mental sattvique est très calme, très serein, très sage, plein d'énergie, un peu comme le centre d'une hélice. On dirait qu'il est immobile, mais il est plein d'énergie. C'est cette qualité que nous devons cultiver pour faire l'expérience de la Vérité.

Le gourou connaît toutes ces choses et s'il voit en nous *rajas* ou *tamas*, il nous le montrera ou bien il nous donnera quelque tâche à accomplir qui va progressivement mettre en évidence ces tendances afin que nous puissions les combattre, nous en purifier et les rejeter. Il nous est également donné des occasions de cultiver l'aspect sattvique de l'être. Donc, il ne s'agit pas seulement de méditer et de chanter des *bhajans*. Il s'agit de purifier l'ego. C'est très important.

L'ego est très rusé. Vous pensez peut-être que vous n'avez pas d'ego et l'instant d'après quelqu'un dit quelque chose qui ne vous plaît pas. On n'est pas d'accord avec vous. Ou bien quelqu'un dit quelque chose qui vous fait très plaisir. On fait l'éloge de vos qualités. Vous réagissez par le contentement ou le mécontentement.

Vous êtes ravi ou bien vous vous mettez en colère. Cela prouve que l'ego est toujours là.

Alors, comment se débarrasser de l'ego ? Il ne devrait pas y avoir d'ego du tout. Il faut devenir témoin, parfaitement serein, sage, observant tout sans réagir à rien. Ce n'est pas un état de sécheresse, mais d'abondance de vie, de paix et de béatitude. Il n'y a pas de vagues, pas de réactions. L'ego est si subtil qu'il va prendre des formes multiples et vous dire beaucoup de choses comme : « Ce n'est plus nécessaire de pratiquer, maintenant tu es hors de danger, tu peux faire tout ce que tu veux, parce que cela n'a plus d'importance désormais. Tu es au-delà de l'influence des trois *gounas*. »

L'ego est un escroc, un voleur. Même la dévotion peut ne pas être suffisamment puissante pour nous en débarrasser. La dévotion est l'une des méthodes qui purifient le mental : Constamment penser à Dieu, essayer de lui plaire, d'obtenir sa grâce. Vous vous efforcez de vous débarrasser de tout ce qui, selon vous, déplait à Dieu. Ce genre de dévotion purifie le mental, mais cela peut se révéler insuffisant. Le gourou est vraiment nécessaire.

L'histoire de Namadev

Vous connaissez le saint nommé Namadev ? Dès l'enfance, il manifeste une grande dévotion. Le seigneur Vishnou lui apparaît sous une forme humaine et joue avec lui. Dans la région de l'Inde où vit Namadev, Vishnou est appelé Vitthal. Et de nombreux saints y ont atteint la réalisation divine grâce à leur dévotion envers Vitthal.

Parce que Vitthal lui rend visite et qu'il joue avec lui, Namadev se croit extraordinaire. C'est vrai qu'il l'est, comparé à nous. Nous n'arrivons pas à voir Dieu. Mais on ne doit pas se considérer comme quelqu'un de spécial, même quand on peut voir Dieu.

Pourtant Namadev pense qu'il est mieux que les autres, qu'il est un mahatma.

Un jour Vitthal lui dit : « Tu sais Namadev, il y a une fête dans le village voisin où beaucoup de saints et de dévots vont se rassembler. Tu devrais y aller pour leur accorder ta bénédiction et leur donner un bon *satsang*. Tu pourrais leur apprendre certaines choses. Ils ont vraiment besoin de toi là-bas. » Son ego étant flatté, Namadev accepte la proposition de Vitthal.

Quand il arrive au village, à quelques kilomètres de distance, qui donc y trouve-t-il ? Jnaneshwar en personne, qui lui-même est un saint éveillé. Il a réalisé Dieu alors qu'il était tout enfant et tous ses frères et sa sœur sont des mahatmas. Il y a aussi le potier Gora, un grand mahatma, et d'autres sages qui ont atteint la réalisation divine, mais Namadev ne reconnaît personne.

En entrant dans le village, il pense que tout le monde a entendu parler de lui et que l'on va sûrement sortir un éléphant pour l'accueillir en grande pompe. Mais personne ne vient à sa rencontre. Il lui faut même demander où se trouve le rassemblement. Une fois arrivé, il trouve une salle pleine à craquer. Impossible de s'asseoir avec les saints. Il doit se tasser dans le fond, dans un coin. Et personne ne l'a reconnu. Comment le reconnaîtrait-on ? Qui donc le connaît ? Mais Jnaneshwar sait bien qui il est. Et en fait, tous les êtres éveillés présents savent qu'il n'est pas encore mahatma, mais qu'il va le devenir.

Jnaneshwar se tourne vers Gora et dit : « Il y a tant de pots ici. Tu ne crois pas que tu devrais vérifier s'ils sont bien cuits ? » En Inde, on fabrique des pots avec de la terre puis on les fait durcir au feu, dans un four à céramique. Quand les pots ont fini de cuire, le potier donne à chacun un coup de baguette. Ceux qui ne sont pas complètement cuits se brisent et sont jetés. C'est pourquoi Jnaneshwar propose au saint potier : « Voyons quels sont les pots bien cuits et ceux qui ne le sont pas. » Personne d'autre ne sait ce qui se passe, surtout pas Namadev qui ne soupçonne rien. On demande à tous les mahatmas de s'asseoir sur une ligne. Bien entendu Namadev court s'y asseoir, non pas parce qu'on le lui a proposé, mais parce qu'il se considère lui-même comme une grande âme. Il n'a pas la moindre idée de ce qui va se passer. Gora prend alors un bâton et s'approche de chaque mahatma pour lui asséner un coup sur la tête. Ils se contentent tous de rester assis sans réagir, comme s'ils étaient morts. Observant toute la scène, Namadev se met à fulminer, à enrager, à s'échauffer de plus en plus. Quand finalement Gora arrive devant lui, Namadev crie : « Tu n'as pas intérêt à me faire ça, à moi, espèce de vaurien ! Ne sais-tu pas qui je suis ? Je suis le grand Namadev. Je suis celui qui voit Vitthal. Vishnou est mon ami depuis ma tendre enfance. Comment oserais-tu me frapper sur la tête ? Crois-tu que je suis comme les autres ? »

Gora se tourne alors vers Jnaneshwar et déclare : « Ils sont tous bien cuits sauf celui-ci. » Tout le monde éclate de rire et Namadev ressent l'humiliation de sa vie. Il se lève en pleurant et s'enfuit. Il retourne dans son village au pas de course. Là, il entre dans le temple de Vishnou et tombe aux pieds de Vitthal.

Celui-ci lui apparaît et Namadev se plaint :

— « Pourquoi m'as-tu envoyé là-bas ? Tu savais très bien ce qui allait arriver. Personne ne m'a reconnu !

— Je devais t'y envoyer, répond Vitthal, car il y a certaines choses que tu ignores et que tu as besoin d'apprendre. En fait, cela fait longtemps que j'y pense. Tu as besoin d'un gourou. Même si ta dévotion envers moi est parfaite, tu as néanmoins besoin d'un gourou car l'ego est toujours là en toi. Il y a un grand sage qui vit à la sortie du village, dans un temple de Shiva. Il s'appelle Vishobkesar. Va là-bas et sers-le. Par sa grâce, tu atteindras l'état dans lequel tu devrais te trouver, celui de la réalisation du Soi. »

Namadev est d'accord et il se rend au temple de Shiva. À l'intérieur, il voit un vieillard assis, les pieds posés sur l'image de Shiva. Le lingam lui sert de repose-pied ! Namadev murmure : « Mon Dieu ! Qu'est-ce que c'est que ça ? Quel tour est en train de me jouer Vishnou maintenant ? Il m'a déjà torturé avec le rassemblement des mahatmas et voilà qu'il m'envoie chez un type qui n'a aucune dévotion et qui ne sait même pas se tenir. Il veut me rendre humble une fois de plus. Eh bien, je n'entrerai même pas là-dedans ! »

Juste à ce moment-là, le petit vieux regarde par la porte et s'exclame : « Hé Namadev, c'est Vitthal qui t'a dit de venir me voir ? » Namadev se demande bien comment cet homme peut savoir non seulement qui il est mais aussi qui l'a envoyé. « Ce vieillard connaît certaines choses. Ce n'est pas une personne ordinaire », comprend-il.

Il entre et dit :

— « Oui, c'est Vitthal qui m'envoie. Vous semblez être un sage, mais pourquoi posez-vous les pieds sur le lingam de Shiva ? Êtes-vous ignorant à ce point ?

— Ah, j'ai les pieds sur le lingam de Shiva? Je n'avais pas remarqué. S'il te plaît déplace-les. Je suis bien vieux et fatigué et je n'ai plus la force de bouger mes jambes, alors je t'en prie, mets-les ailleurs, loin du lingam. Tu as raison. C'est très mal de faire ça. Je ne devrais pas avoir les pieds posés sur Dieu. »

Namadev soulève les pieds du gourou et s'apprête à les déposer ailleurs, mais il n'en a pas le temps, un autre lingam apparaît juste à cet endroit. Partout où il veut poser les pieds du sage, un lingam jaillit du sol. Pour finir, il lui est impossible de les placer ailleurs que sur un lingam.

« Voilà qui est vraiment spécial ! Shiva est partout. Il ne me reste plus qu'à mettre ses pieds sur mes genoux. » Ce faisant, il prend conscience que tout est Shiva, lui y compris, et il réalise Dieu en un instant.

Quand son ego s'effondre complètement, qu'il se retrouve plein de dévotion pour les pieds du gourou au point de les accepter, à ce moment-là, et seulement à ce moment là, Namadev comprend la grandeur du gourou, son mental est réduit au silence et la présence de Dieu se manifeste. Il ne fait plus qu'un avec l'Un, comme une vague se fond dans l'océan.

Il se lève pour rentrer chez lui car il est inutile qu'il reste plus longtemps dans le temple. Le gourou lui dit : « Tu viens d'apprendre très rapidement ce qu'il te restait à comprendre. Tu étais déjà presque arrivé au but. Il te fallait seulement recevoir cette leçon d'humilité. Maintenant tu peux t'en aller. »

Environ deux semaines plus tard, Namadev se trouve assis chez lui à savourer la béatitude divine, quand Vitthal vient le voir :

— « Hé Namadev, est-ce que tu ne veux plus jouer ? Pourquoi ne viens-tu plus jamais au temple ?

— Ô Vishnou, tu ne peux plus me tromper ! Tu es partout. Pourquoi devrais-je me rendre au temple ?

— Ah, c'est cela qu'il te restait à apprendre, Namadev ! C'est seulement lorsque ton ego a disparu que tu as réalisé mon omniprésence. C'est la grâce du gourou qui t'a permis d'acquérir cette connaissance. »

Nous pouvons donc éprouver de la dévotion pour Dieu, fréquenter les temples et pratiquer toutes sortes de *sadhanas*, ce sont essentiellement la façon dont le maître spirituel nous guide, et sa grâce qui suppriment l'ego et nous permettent de réaliser la Vérité. Autrement, nous aurons beau essayer, nous n'y arriverons pas. Nous atteindrons peut-être un état particulier, mais nous ne réaliserons pas totalement la Vérité.

La purification de l'ego est un processus douloureux

Purifier l'ego n'est ni facile ni agréable. Même s'il est vrai que la seule chose que nous ayons à faire est de nettoyer l'ego pour réaliser le Soi, c'est très douloureux. Pour l'instant, tout ce que nous ressentons, c'est notre ego et nous l'adorons !

J'ai entendu quelqu'un dire : « L'ego a disparu. » Généralement l'ego ne disparaît qu'à un seul moment. Vous savez quand ? Quand vous dormez profondément. Non pas lorsque vous rêvez, car là, il y a encore un ego, l'ego qui rêve. Mais quand vous dormez profondément, la conscience du monde disparaît, il n'y a plus de pensées, ni de conscience du corps, il n'y a plus rien. Alors il n'y a pas d'ego. Mais il réapparaît immédiatement quand vous vous réveillez. Il est donc faux de penser que l'ego a disparu. Pour la majorité d'entre nous, l'ego ne disparaît pas. S'il disparaît, cela signifie que vous êtes devenu un avec Dieu, et que vous étiez bien réveillé quand cela est arrivé.

Alors comment savoir si vous progressez ou pas ? C'est très difficile et puis, qui va vous tester ? À l'école, vous passez des examens. Autrement, comment vérifier si vous avez maîtrisé la matière que vous étudiez ? Si vous avez peur des examens, comment allez-vous faire de réels progrès ? Qui va vous mettre à l'épreuve dans le domaine spirituel ? Est-ce que quelqu'un va venir vous insulter, vous dire quelque chose que vous n'aimez pas, ou vous pousser, vous voler, ou chercher à provoquer en vous une réaction pour voir si l'ego est toujours là ? Personne ne va faire cela. Tout le monde préfère vous passer de la pommade. En Inde, on dirait : «Tout le monde préfère vous «savonner».»

Nous voulons que les autres se sentent heureux en notre compagnie. Nous ne voulons déplaire à personne. Or, une des plus grandes qualités que j'ai remarquées chez Amma, c'est qu'elle ne se soucie pas de l'opinion d'autrui. Elle dit : « Je n'ai besoin du certificat de personne. » C'est ainsi qu'elle exprime sa façon d'être.

Ce que nous pensons d'elle lui est complètement égal. La seule chose qui lui importe, c'est la purification de notre mental, c'est-à-dire que nous recevions le plus grand bienfait de sa compagnie. Elle serait quelqu'un de totalement différent si elle se souciait de l'opinion des autres. Lisez simplement sa biographie. Toute sa vie se trouve en opposition avec les « bien-pensants », en ce sens qu'elle a toujours fait des choses que la majorité des gens ne comprenait pas. C'est pourquoi on l'a persécutée et qu'on a même essayé de la tuer.

Mais cela lui était égal. Voilà un être sans ego ! Nous voulons toujours que les autres nous aiment et nous apprécient, que personne ne nous haïsse, que personne ne soit en colère contre nous. Si nous sentons que quelqu'un pense du mal de nous, nous en sommes bouleversés au point qu'il nous devient presque impossible de méditer pendant une semaine ou une dizaine de jours, et nous faisons tout notre possible pour rectifier la situation. Amma ne se préoccupait de rien même si on cherchait à la tuer. Elle est allée à l'hôpital rendre visite à son agresseur et lui donner à manger.

C'est la raison pour laquelle elle nous fait passer par tant de barattages. Alors, bien des choses remontent. Elle a le don de ne pas vous regarder, lorsque c'est précisément un regard que vous désirez intensément, simplement pour provoquer une réaction, afin que vous compreniez qu'il y a encore beaucoup de négativité en vous.

« Avant de rencontrer Amma, j'étais bien mieux. Je me sentais en paix et bien concentré quand je méditais. Ma vie était pleine de joie. Depuis que je suis là avec elle, je n'arrive plus du tout à me concentrer. Je suis constamment agité et en colère. » C'est ce que disent beaucoup de gens. C'est bon signe. Avant, nous stagnions, c'est tout. Amma illustre ce phénomène avec l'image d'une pièce que vous venez de balayer. Vous pensiez qu'elle était propre, mais après avoir passé la serpillière, vous découvrez à quel point le sol était encore crasseux.

La présence d'Amma purifie le mental

Alors il se peut que vous ayez fait une petite *sadhana* avant de rencontrer Amma, et que vous pensiez être calme, mais quand vous venez à elle, c'est comme si vous vous mettiez à passer la serpillière. Il y a encore tant de saleté qui commence à apparaître en sa présence. Elle n'a même pas à dire un mot. Sa présence seule suffit à faire remonter à la surface tout ce qui est enfoui en vous.

Si vous avez un encrier à nettoyer, que faites-vous ? Vous y versez de l'eau. Qu'est ce qui commence à sortir de l'encrier ? D'abord, c'est l'eau noire teintée d'encre, puis l'eau de plus en plus claire. Vous pouvez aussi imaginer que vous ayez avalé une substance toxique et que vous devez vomir pour recracher le poison.

Il y a tant de choses à l'intérieur de nous. La présence d'Amma agit comme cette eau fraîche que l'on verse dans l'encrier. Elle coule à l'intérieur et commence à pousser au-dehors tout ce qui n'est pas propre. Toute la saleté des pensées et des sentiments, les négatifs comme les positifs, déborde. Ensuite l'eau claire commence à s'écouler, l'eau de la grâce, la présence de Dieu, le Soi. Mais pour que cela puisse se faire, l'eau doit d'abord pouvoir entrer.

C'est donc bon signe si vous ressentez toutes ces choses désagréables après avoir rencontré Amma. Cela témoigne de vos progrès. S'il ne se passe rien, s'il n'y a aucun changement en vous, c'est que quelque chose ne va pas. Je ne crois pas que ce cas de figure se soit déjà présenté !

Ce processus se poursuit jusqu'à ce qu'il ne reste plus rien à nettoyer. C'est ce qu'on appelle la dévotion suprême. Pour le moment nous ressentons une certaine dévotion. Nous pensons parfois à Dieu ou à Amma, c'est à dire seulement de temps en temps, mais lorsque nous pensons exclusivement à elle, c'est la dévotion suprême. C'est cela notre but. N'allons pas croire que nous sommes arrivés parce que nous avons fait quelques progrès ! Avons-nous des pensées et des sentiments qui concernent autre chose que la présence de Dieu ? Alors il nous reste encore une certaine distance à parcourir.

Le gourou - 2

(cassette 24)

Vous êtes nombreux à avoir entendu parler de Kabir, un grand saint célèbre à son époque, qui vivait au Nord de l'Inde. Les saints ne poussent pas sur les arbres. Ils ne se trouvent pas à tous les coins de rue. Vous pouvez chercher dans le monde entier mais vous ne découvrirez probablement aucune personne semblable à Amma. Je connais la question, j'ai rencontré un grand nombre de saints dans ma vie et je n'ai jamais trouvé quelqu'un comme elle. Il y a des gens qui ont sérieusement pratiqué une *sadhana* et atteint un niveau spirituel élevé, mais un être comme Amma, qui dès l'adolescence, telle une fontaine débordante, partage tout ce qu'elle a, offre constamment sa grâce, son pouvoir spirituel, une disponibilité et une proximité constantes à tous ceux qui l'approchent, un tel être, vous n'en trouverez pas d'autre sur cette planète.

L'histoire de Kabir et du roi de Perse

Kabir est un être réalisé. Un roi quelque part en Perse entend parler de lui. Ce roi a une maturité incontestable.

Si vous accomplissez votre devoir, si vous faites votre travail de façon désintéressée comme une offrande à Dieu, vous gagnez en maturité spirituelle. Votre évolution commence à s'accélérer. Alors vous avez soif de réaliser Dieu et vous cherchez un gourou. Le roi en est à ce stade. Il remplit son *raja dharma*, son devoir de monarque, grâce à quoi son mental s'est purifié, et il recherche un gourou. Le *raja gourou* (le gourou familial) ne lui suffit pas ; ce n'est qu'un enseignant, un érudit. Le roi veut un gourou réalisé, un *satgourou*.

Le roi entend parler de Kabir, et il se rend à Bénarès. C'est là que Kabir habite et le roi va droit chez lui dès qu'il sait où le trouver. Kabir est tisserand et sa maison est petite. Il est très pauvre. Après avoir reçu le *darshan* de Kabir, le roi déclare :

— « Ô vénéré saint homme, je veux devenir votre disciple.

— Qu'y a-t-il de commun entre nous ? Je suis mendiant, tu es roi. Nous n'avons rien à faire ensemble, répond Kabir.

—Je ne vois pas les choses de cette façon, plaide le roi. Je veux devenir votre serviteur et votre esclave. Je veux devenir votre disciple. Je veux recevoir votre grâce.

— Nous verrons bien. Fais la vaisselle et la lessive, épluche les légumes, va chercher l'eau, fais toutes les corvées ménagères. Ma femme vieillit. Tu vas l'aider. »

Kabir est marié. Ce n'est pas un *sannyasi*. Le roi accepte et devient le domestique de la famille. Cela pendant six ans.

Après toutes ces années, Loi, la femme de Kabir, prend pitié du roi, et va trouver son mari : « Depuis six ans, il nous sert comme un domestique. Il mange comme nous. Il dort à même le sol. Il est vêtu de haillons. Nous ne lui donnons rien d'autre que sa nourriture. Il ne reçoit rien. Pourquoi ne l'as-tu pas encore initié après tout ce temps ? Que lui accordes-tu ? Où est passé ton sens de la justice ? » Elle a envie de dire : « Tu n'y connais donc rien ? Tu es si difficile ! »

Nous pouvons ressentir la même chose avec Amma. Elle se montre si difficile avec nous ! Elle ne nous accorde pas sa grâce.

« Je vis ici depuis si longtemps. J'ai pelleté tant et tant de bouse de vache et je n'ai toujours pas réalisé Dieu. J'ai paginé des milliers de Matruvanis. J'ai épluché quatre cent cinquante mille légumes depuis que je vis ici. »

Avant qu'une foule de gens n'arrive ici, c'était moi qui épluchais les légumes. J'étais aussi électricien, plombier et je lavais les vaches. N'allez pas penser que, parce que je suis assis ici à parler, je ne suis pas passé par toutes les épreuves que vous traversez maintenant. J'ai vécu tout ça pendant des années. Donc Loi demande à son mari :

— « Pourquoi ne lui accordes-tu pas l'initiation ?

— Il n'est pas prêt. Tu n'y connais rien. Tu ne peux pas voir l'être intérieur de quelqu'un. Tout ce que tu vois, c'est ce qui se passe à l'extérieur, répond Kabir.

— Je ne crois pas qu'il ne soit pas prêt. Il est si sattvique. Il mérite parfaitement d'être initié.

— D'accord, appelle-le. Si vraiment il le mérite, je l'initierai. Mais je te demande une chose : envoie quelqu'un le chercher, et toi, prends la poubelle pleine d'ordures, de bouse de vache et de tous les détritus et va sur le toit. Juste au moment où il franchira la porte d'entrée, vide-lui le panier sur la tête. »

Loi monte sur le toit après avoir envoyé quelqu'un chercher le disciple. Justement, il descend la rue et s'apprête à entrer dans la maison. À ce moment-là : « Lâchez les bombes ! », Loi lui jette tous les déchets sur la tête. Il lève les yeux et aperçoit Loi debout sur le toit. « Si vous aviez fait ça quand j'étais encore roi, je vous aurais donné une bonne leçon ! » crie-t-il. Il se met donc en colère. L'ego est encore là ! Loi pense : « Il est très sattvique, mais il est encore irritable et garde un orgueil de roi. » Mais si elle ne lui avait pas renversé la poubelle sur la tête, il n'aurait pas su qu'il avait encore cette colère et cet orgueil en lui. Et Loi non plus. Kabir, lui, le sait, car un mahatma peut voir ce qui se passe intérieurement chez un homme. Le roi entre et se présente devant son gourou. Kabir le renvoie : « Je n'ai rien à te dire. Tu peux retourner à ton travail. » Le disciple a échoué au test, il n'est pas prêt. Six nouvelles années s'écoulent. Traditionnellement, on est censé servir le gourou pendant douze ans, puis on est initié au Védanta, et très rapidement, on réalise le Soi. C'est parce qu'après tout ce temps-là, le mental est vraiment purifié.

Kabir dit à Loi :

— « Va chercher le roi maintenant. Je vais l'initier.

— C'est une plaisanterie, non ? Je ne vois aucune différence, six ans après, il est toujours le même. Il n'a pas changé. Il continue à porter l'eau, à éplucher les légumes, à faire la lessive, à balayer la maison et il mange la même nourriture que nous. C'est le même homme. Quelle différence y a-t-il ?

— Et quelle différence y a-t-il entre toi maintenant et toi il y a six ans ? Tu ne vois toujours que l'extérieur, tu ne vois toujours pas ce qui se passe à l'intérieur, rétorque Kabir. Appelle-le. Cette fois encore je veux que tu fasses la même chose : lorsqu'il entre, lâche une « bombe » sur lui. »

Loi attend donc sur le toit, et quand le roi est sur le point d'entrer, elle lui vide la poubelle sur la tête. Et comment accueille-t-il l'expérience à présent ? Les mains jointes, il lève les yeux et dit : « Merci Mère, j'en avais besoin. » Puis il entre dans la maison. Pas de colère. Pas de réaction. Il pense même que ce qui lui arrive est une bonne chose et qu'il a beaucoup de chance. Il remercie Loi, s'assied aux pieds de Kabir qui se contente de le regarder fixement dans les yeux pendant environ dix secondes. Le disciple ferme les yeux et entre en *samadhi*. Un seul regard de son gourou lui fait réaliser Dieu !

Amma nous regarde bien des fois mais nous n'atteignons pas pour autant la réalisation divine. Elle nous fixe du regard, elle nous transperce. Nous sommes devant elle et elle ne cesse de nous regarder. Pourtant nous ne réalisons pas Dieu. Quelle différence y a-t-il entre le roi disciple de Kabir et nous ? La différence est que plus rien ne reste en lui, tandis qu'une quantité de voiles obscurcissent encore notre vision.

Un seul regard suffit et il entre en *samadhi*. Il y reste pendant deux ou trois heures, absorbé dans la béatitude suprême. Quand il revient à un état de conscience ordinaire, Kabir lui dit : « Tu peux t'en aller. » Ce sont les seuls mots qu'il prononce : « Tu peux t'en aller. »

Le roi part et se dirige vers la Perse à pied. Un jour, comme il traverse son pays, il s'assied sur la berge d'une rivière près de la ville dont il a été le roi. Il raccommode ses haillons à l'aiguille.

C'est alors que le Premier Ministre du royaume arrive à cheval et aperçoit ce fakir, ce *sadhou* assis au bord de la rivière. Il l'observe en se disant : « Il me semble que je connais très bien cet homme. » Et, tout à coup, il reconnaît le roi.

Il se prosterne et lui dit :

— « Que Sa Majesté ait la bonté de bien vouloir revenir gouverner le royaume. Sa majesté nous a manqué toutes ces années.

— Je n'ai pas besoin de royaume. Pour quoi faire ? Mais il y a quelque chose dont j'ai besoin. Mon aiguille est tombée dans la rivière. Peux-tu la récupérer s'il te plaît ? demande l'ancien roi.

— Comment pourrais-je trouver votre aiguille dans ce torrent ? Le courant est trop fort ! Il est impossible de la retrouver. Mais je peux vous procurer des centaines de milliers d'aiguilles dans la ville. Dites-moi seulement ce que vous désirez, et je vous le rapporte. Je vais revenir avec une carriole pleine d'aiguilles.

— Non, non. C'est cette aiguille-là que je veux.

— Je ne peux pas vous la retrouver.

— C'est bon. » Le roi regarde l'eau et immédiatement un poisson remonte à la surface en tenant l'aiguille dans sa gueule, la dépose sur la rive et disparaît dans le courant.

Le Premier Ministre en reste abasourdi. Alors l'ex-roi le regarde et lui explique : « Je vis dans le royaume de Dieu. Pourquoi aurais-je encore besoin du royaume de l'homme ? »

La même chose peut nous arriver. Nous avons un gourou vivant qui est aussi grand, voire plus grand que Kabir. La seule chose que nous ayons à faire, c'est de purifier le mental. Tous les autres éléments sont là, tous les ingrédients pour le plat sont présents. Nous n'avons plus qu'à tout mélanger et à recevoir la grâce.

« Mes enfants, aussi longtemps que des excréments restent exposés au soleil, seul le vent peut en éliminer la puanteur. De la même façon, à moins de vivre auprès d'un maître spirituel, nous aurons beau méditer pendant des siècles, nous ne serons pas pour autant libérés de nos vasanas. La grâce du gourou est nécessaire. Toutefois, il ne répandra sa grâce que sur un esprit innocent. »

Ce paragraphe expose quatre points importants : le premier, c'est que les *vasanas* ne peuvent pas être éliminées simplement par des pratiques spirituelles. Amma cite la méditation mais en fait elle parle de n'importe quelle *sadhana*. Le second point, c'est que nous devons vivre avec le gourou. C'est bien beau de dire que le gourou est partout et à l'intérieur de nous, mais concrètement, la majorité d'entre nous a besoin de la présence physique d'Amma. Le troisième point, c'est que la grâce du gourou est nécessaire même quand nous vivons avec le gourou. D'ailleurs, n'est-ce pas précisément dans le but d'obtenir sa grâce que nous vivons avec lui ? Alors il reste un problème : « Comment faire pour attirer cette grâce ? » Il s'agit du quatrième point : Amma dit que l'innocence est indispensable. C'est l'innocence qui attire la grâce.

Pourquoi faut-il se débarrasser de ses vasanas ?

Pourquoi devons-nous nous débarrasser des *vasanas* ? Après tout, tout le monde en a. Pourquoi faudrait-il s'en soucier ? Nous pourrions nous contenter de faire nos pratiques spirituelles. Pourquoi devons-nous mener une vie spirituelle ? Dans quel but ?

Quand nous sommes arrivés en ce monde, nous nous sommes mis à regarder vers l'extérieur. Nous aspirons tous, de façon innée, au bonheur. Tout le monde veut être heureux, tout le temps, pas seulement cinq minutes, cinq heures ou cinq jours, mais constamment. Et comment faisons-nous pour essayer d'être heureux ? Nous avons les sens naturellement dirigés vers l'extérieur. Nous cherchons donc à l'extérieur un bonheur permanent, sans jamais pouvoir le trouver. C'est seulement lorsque le mental devient complètement calme que se révèle notre Soi authentique et que nous expérimentons un bonheur durable qui ne dépend d'aucune circonstance extérieure.

Imaginez un lac. Quand sa surface est complètement tranquille, on peut y voir clairement le reflet du soleil ou de la lune. Si l'eau est agitée, même légèrement, le reflet n'est pas net. Il ressemble alors à des millions de petites flammes de lumière. Ce reflet plus ou moins fidèle, peut se comparer à notre vie spirituelle. Plus le mental se calme et plus nous faisons l'expérience de cette clarté. Progressivement nous commençons à ressentir la présence divine, celle d'Amma et à voir Dieu.

La priorité numéro un, c'est d'obtenir du mental qu'il s'apaise. Il est possible d'évaluer vos progrès dans la vie spirituelle en observant combien le mental se calme. De même, vous pouvez intensifier votre *sadhana* en stabilisant le mental et éviter que votre vie spirituelle s'affadisse en ne vous laissant pas aller à l'agitation. C'est tout un art.

Les six ennemies intérieures

On dit que les *vasanas* sont des ennemies car elles détruisent notre paix intérieure chèrement gagnée. Ce sont les ennemies de notre véritable bien, la béatitude du Soi. Quelles sont-elles ? La première, c'est *Kama*. *Kama* signifie « désir », mais généralement cela désigne le désir sexuel car, de tous les désirs, c'est le plus puissant, celui qui nous distrait, nous perturbe et nous agite le plus.

Ensuite il y a *Krodha*, la colère. Tout le monde connaît ces tendances car, à part les êtres réalisés chez qui elles ont disparu dans le Soi, nous en sommes tous plus ou moins affligés. Amma affirme que c'est seulement à la fin, dans le feu de la réalisation du Soi qu'elles seront complètement brûlées.

Puis vient *Lobha*, la cupidité : il vous semble que vous n'avez jamais assez : jamais assez d'argent, jamais assez de biens, jamais assez de choses... Il peut s'agir de n'importe quoi.

La quatrième *vasana* ennemie est *Moha*, l'attachement. C'est aussi une *vasana*, et elle engendre beaucoup d'agitation. Imaginons un jeune homme qui habite la maison voisine d'une jeune fille qui vient de tomber très malade. Une ambulance remplie de médecins arrive. Il y a beaucoup de bruit et cela perturbe le voisinage. Comme le voisin est en train d'étudier, il ferme la fenêtre en maugréant : « Zut alors ! Quel vacarme ! » sans se soucier de cette jeune fille souffrante. Il n'y pense même pas.

Mais quelques années plus tard, il l'épouse. Or, après le mariage, le moindre petit problème qu'elle peut avoir à affronter devient son problème. Si elle tombe malade, il s'inquiète. Si elle est heureuse, il se réjouit. Il s'identifie à sa femme. Maintenant, tout l'affecte. Pourquoi ? Parce qu'il est attaché, identifié à quelqu'un. C'est la même jeune fille et il est le même. Que lui arrive-t-il ? Pourquoi a-t-il perdu la paix intérieure ? Parce qu'il s'est attaché !

Moha est donc considérée comme l'une des six ennemies de la paix mentale.

Et enfin, les deux dernières *vasanas* sont *Mada*, l'orgueil ou le fait d'avoir un fort ego et *Matsarya*, la jalousie. Certaines personnes ont un très grave problème avec l'une ou l'autre, ou parfois avec les deux. Vous êtes jaloux quand vous enviez quelqu'un au point de vous énerver et de passer votre temps à « méditer » sur cette personne. Au lieu de vous concentrer sur Dieu, vous pensez constamment à elle et vous ressentez de la colère, voire de la haine. Votre paix intérieure en est anéantie.

Ce sont là les six *vasanas* principales qui alimentent le feu destructeur du mental. Elles lui servent de combustible. Si vous retirez les bûches du feu, que se passe-t-il ? Il s'éteint. De même, si vous détruisez ces *vasanas*, le mental se calme complètement.

Réfléchissez-y, vous verrez que vous n'avez pas besoin d'être un grand philosophe, ni d'avoir accumulé beaucoup de savoir. Si vous connaissez bien la nature de ces six ennemies, que vous devenez très vigilants, conscients, et que vous apprenez à déraciner ces *vasanas*, automatiquement, le mental s'apaisera.

Un jour, quelqu'un s'est plaint : « Quand les *vasanas* se manifestent, je deviens agité. » Ah oui ? Et dites-moi, s'il vous plait, vous les avez déjà vues se retirer d'elles-mêmes ? Est-ce qu'il leur arrive de s'affaiblir ? Jamais, sauf quand vous dormez profondément. Même quand vous rêvez, elles sont là. Donc, il ne faut pas croire que nos *vasanas* ont disparu. Elles s'activent vingt-quatre heures sur vingt-quatre en chacun de nous, sauf pendant le sommeil profond et l'état de *samadhi*.

Vous pensez peut-être : « Quelle pagaille ! C'est un problème désespérant et aussi vaste qu'un océan ! Comment s'en sortir ? » Essayez de déraciner une seule *vasana*, une seule mauvaise habitude, et vous verrez comme c'est difficile. Cela semble presque sans espoir. « J'ai essayé des centaines de fois sans même réussir à réduire ne serait-ce qu'un peu telle habitude. » Voilà le constat que nous entendons sans cesse. Voilà le problème que tout le monde rencontre. La méditation n'est pas si difficile, ni les *bhajans*, ni l'étude du Védanta. Mais tenter de se défaire ne serait-ce que d'une seule mauvaise habitude ! Il semble que cela va prendre toute une vie pour la diminuer seulement d'un pour cent.

La grâce du gourou aide à réduire nos vasanas

Que faire alors ? Dans ce grand désordre brille un petit rayon de lumière. C'est ce qu'Amma appelle la grâce, la grâce du gourou. Sans cette petite lumière, personne ne trouverait le courage d'agir contre les *vasanas*, et cette grâce peut prendre des formes variées. Vous êtes en train de lire et une phrase vous interpelle. L'éclair de la grâce vous touche une seconde, et comme une étincelle dans le foin, il commence à tout consumer et se transforme en un grand incendie. C'est l'état intérieur dans lequel nous nous trouvons tous ici. Quelque chose l'a déclenché, une parole ou une image, un chant, une expérience ou certaines circonstances.

Ma vie spirituelle a commencé lorsque quelqu'un m'a dit : « Tu devrais te faire moine. » C'était comme si on avait fait tomber un gros rocher dans un lac tranquille. En voilà une suggestion étrange, devenir moine ! J'étais très heureux comme j'étais. Je n'étais pas moine. J'étais complètement investi dans le monde. Et ça m'a fait froid dans le dos : « Quelle affreuse idée ! Me faire moine ? Ce serait la fin de tout. Qui voudrait se faire moine ? Il faudrait être cinglé. » Mais ce seul mot a fini par me transformer en ce que je suis aujourd'hui, moine. Un seul mot ! Qu'est-ce qui m'a poussé à devenir moine ? Cela ne peut pas être uniquement l'effet de ce mot. Combien de gens ont dû entendre le mot « moine » ? Ils ne sont pas pour autant devenus religieux, autrement le monde entier se serait déjà fait moine.

Non. C'était l'effet de la grâce. Derrière ce mot, il y avait la grâce. Elle savait quel était le moment propice et comment faire pour éveiller quelqu'un, moi en l'occurrence, et c'est ainsi que tout a commencé. Mais qui sait quand cela a vraiment commencé ? Tout ce que j'avais vécu avant a dû contribuer à créer ce qui s'est manifesté à ce moment-là.

Alors je suis venu en Inde, par hasard, par un concours de circonstances. « Par hasard » signifie que c'est arrivé exactement comme tout ce qui a l'air d'arriver par hasard. Le hasard n'existe pas. C'est la grâce, c'est elle qui fait survenir les événements. Une fois en Inde, je me suis complètement immergé dans la vie spirituelle, et maintenant, me voilà. Je n'ai rien cherché, tout est venu me trouver.

Pour la plupart d'entre nous, c'est comme cela que ça se passe. Notre vie spirituelle a commencé apparemment par hasard. N'importe quoi a pu la déclencher. C'est la grâce du gourou qui a tout arrangé. Et cette grâce est toujours avec nous.

Amma, ce n'est pas seulement une personne, mais le principe de la grâce

Efforçons-nous de comprendre qu'Amma n'est pas seulement une personne dont nous avons entendu parler à un moment donné et à laquelle nous nous sommes intéressés. Nous serions allés la voir, nous nous serions laissé « harponner », et voilà que nous nous retrouvons ici avec elle. Il est vrai qu'Amma se trouve maintenant à Amritapuri, c'est à dire qu'elle se situe dans l'espace et le temps. Mais le principe de la grâce existe éternellement. Il est partout. Il a toujours été présent. Il est toujours avec nous tous et nous guide en permanence. Aujourd'hui il a pris la forme d'Amma.

C'est ainsi qu'Amma se considère. Elle se voit comme la Réalité éternelle et voit ce monde comme un rêve qui défile. Elle essaie de nous réveiller, de nous secouer pour que nous comprenions que nous sommes, nous aussi, vraiment un avec la Réalité, et pas seulement des créatures du *samsara*, condamnées à renaître et à mourir indéfiniment. Ce principe de la grâce, voilà ce qu'est véritablement Amma.

Amma nous réveille juste un peu, puis nous attire et nous attache à elle. Que fait une mère quand son enfant se salit de la tête aux pieds à force de courir à droite et à gauche ? Elle lui dit : « Rentre, viens manger quelque chose de bon. » Et quand l'enfant s'approche, elle l'attrape, l'emmène dans la salle de bains et, qu'il le veuille ou non, le savonne et le frotte. Il n'apprécie probablement pas ce traitement. Les enfants n'aiment pas être propres, mais leur mère est mieux placée qu'eux pour savoir ce qu'il faut faire.

Certains se plaignent ainsi : « La première fois que je suis allé voir Amma, je me suis retrouvé au comble du bonheur. Elle m'a témoigné beaucoup d'affection. Par la suite, elle me regardait tout le temps, me serrait dans ses bras et m'embrassait. Et depuis que je me suis attaché à elle, elle ne se soucie plus de moi. Maintenant, c'est à peine si elle me regarde. Elle me dit deux ou trois mots de temps en temps. En fait, elle me plonge dans des situations difficiles. » Tout le monde se plaint de la même chose. À l'époque où j'ai rencontré Amma, c'était si agréable ! Maintenant aussi, c'est très bien, mais c'est différent. Nous sommes tous en train de passer par l'étape du nettoyage. Il ne faut pas longtemps à Amma pour nous attraper et nous emmener dans la salle de bains.

Les serpents aiment bien manger des grenouilles, mais que se passe-t-il si un petit serpent essaie de dévorer une grosse grenouille ? Il meurt étouffé et elle aussi, tristement coincée dans la gorge de son prédateur. Un grand cobra royal au contraire ne fera qu'une bouchée d'une grenouille. Fini. Le serpent est satisfait, la grenouille est morte et peut reposer en paix. Amma est comme un grand cobra, pas comme un petit serpent. Dans un sens, nous avons tous de la chance car nous sommes de très petites grenouilles. Elle va nous avaler, nous digérer et nous ne ferons plus qu'un avec elle.

L'étape du nettoyage est très importante. En fait notre vie n'est plus qu'un grand nettoyage car c'est ce qui est important à nos yeux. Nous sommes ici parce que nous avons déjà été attrapés et que nous souhaitons être purifiés rapidement. Le problème, c'est que nous souhaitons être propres, mais nous n'avons pas envie d'être nettoyés. Nous apprécions la propreté, mais nous ne voulons pas passer par l'épreuve du bain, de la brosse, et tout et tout. Ce n'est pas raisonnable, et pourtant c'est ce qui se passe. Tant de gens commencent par refuser la grâce. Ils s'enfuient en courant. Ils tentent d'éviter Amma, d'échapper aux situations qu'elle crée, ou bien partent à la recherche d'un serpent plus petit !

Un homme parcourt le monde entier en quête du parfait gourou. En vain. Tel guide a tel travers, tel autre, telle et telle imperfection. Les êtres qu'il rencontre sont tous affligés d'un défaut ou d'un autre. Finalement, un jour, il trouve le guide parfait. Un de ses amis lui demande alors :

— « Hé, toi qui as passé des années à chercher un maître spirituel irréprochable, je vois que tu en as déniché un. Comment as-tu su qu'il était parfait ?

— Il a dit quelque chose qui m'a mis la puce à l'oreille. J'ai deviné qu'il était celui que je désirais tant.

— Ah bon ! Mais qu'est-ce qu'il a dit ?

— Tu es le disciple parfait ! »

Voilà ce que beaucoup de gens voudraient qu'on leur dise, qu'ils sont des disciples parfaits. Ils n'ont pas envie d'être purifiés, mais plutôt d'être caressés dans le sens du poil. Ils ne veulent pas qu'on leur enlève l'ego, ni qu'on les débarrasse de leurs *vasanas*. Ils souhaitent juste avoir une relation agréable avec le gourou. Mais ce n'est pas du tout la raison d'être d'un véritable maître spirituel.

Même si nous ne pouvons pas rester jour et nuit sur les genoux d'Amma à nous faire nettoyer, une fois que nous avons atteint cette étape de la grâce et qu'elle veut nous laver, les circonstances feront que le nettoyage aura lieu. La grâce nous fera rencontrer Amma, rester auprès d'elle pour construire une relation avec elle afin qu'elle puisse nous purifier.

Les « machines à produire la grâce »

Ici à Amritapuri, nous disposons d'une certaine quantité de « machines à produire la grâce ».

Il y a la machine « y'a plu' d'eau ». Elle a été récemment réparée, mais Dieu seul sait quand « y'a plu' d'eau » va retomber en panne. En fait, il faudrait plutôt dire que comme la machine « y'a plu' d'eau » est en panne, pour l'instant nous avons de l'eau.

Il y a aussi la machine « y'a plu' d'courant » qui fonctionne encore à merveille. Ce sont des machines pour fabriquer quoi ? Des occasions de pratiquer la patience et l'acceptation. Ces deux qualités sont très importantes pour purifier l'ego de nos *vasanas*.

Ensuite, nous avons la machine « y'a pas d'confort ». Ce qui signifie que vous avez vraiment très peu de confort ou carrément, pas de confort du tout, et cela, tant que vous arrivez à le supporter, peut-être jusqu'à la fin de votre vie, ou jusqu'à la Libération. Qui sait ?

Et il y a la machine « nourriture simple ». « Seigneur, qu'est-ce que je ne donnerais pas pour manger quelque chose de bon ! Kanji (gruau de riz), kanji, kanji, kanji, à force de n'avaler que ça, je me suis « kanjifié » ! Voilà l'œuvre de la machine « nourriture simple » qui nous aide à nous débarrasser de la *vasana* du goût.

Après, on trouve la machine « y'a plein d'travail ». Il y a toujours tant de travail à faire. Cette machine « y'a plein d'travail » fonctionne contre les tendances égoïstes que nous avons tous développées dans notre quête du bonheur. Cette machine « y'a plein d'travail » supprime l'égoïsme.

Nous en avons aussi une autre qu'on appelle « j'suis toujours malade ». « Je rayonnais de santé avant de venir à Amritapuri, et maintenant, je suis tout le temps malade. Toutes les maladies du monde sont venues me rendre visite. J'attrape systématiquement tous les rhumes qui traversent l'ashram. Je suis constamment épuisé. Je n'arrive même pas à lever la tête. » Voilà, c'est la machine « j'suis toujours malade ». Elle vous aide à vous détacher du corps, qui n'est de toute manière pas le véritable Soi, même si vous ne vous en rendez pas compte. Elle vous aide à devenir plus patient et à accepter davantage.

Il y a encore une autre machine. On peut à peine l'appeler machine mais elle est très efficace : « j'avais un doute important, je devais poser la question à Amma et quand finalement j'ai pu l'approcher, elle ne m'a même pas répondu. » C'est la machine : « je t'ignore, tu n'existes pas, attends donc un peu ».

Amma dispose d'une option particulière avec cette dernière machine, c'est une option appelée « machine à réponses contradictoires ». Hier elle a dit quelque chose et aujourd'hui, elle dit le contraire.

Toutes ces machines servent à nous nettoyer. Vous savez, Amma a une énorme machine à laver ici. N'allez pas penser qu'il n'y a pas de machine à laver à Vallickavou. L'ashram lui-même en est une, et nous sommes tous à l'intérieur en train de culbuter et de dégringoler au milieu des bulles.

Enfin il y a cette machine encore plus énorme appelée « jamais rien pouvoir obtenir facilement ». C'est une machine impressionnante ! Un monsieur indien m'a dit un jour : « L'Inde a été créée par Dieu et le reste du monde par l'homme, car l'homme a pu faire tout ce qu'il voulait du reste du monde, mais en Inde, personne ne peut jamais rien obtenir de ce qu'il veut. C'est parce que c'est Dieu qui contrôle l'Inde. »

La moindre chose pose un problème. Tout ce que vous avez à faire, c'est de vivre en Inde pendant un an et vous serez changé en un grand *tapasvi*, un grand *sadhak*. Oui, une année suffit pour vous transformer en aspirant spirituel si vous avez quelques dispositions pour cela... Autrement, vous resterez seulement un touriste frustré !

Pour nous Occidentaux qui sommes venus ici, le seul fait de vivre en Inde est une *sadhana*, et Amma dit que Dieu ne va probablement pas changer la situation dans un futur proche, autrement la spiritualité de l'Inde s'affaiblirait. Ce n'est pas par manque de moyens. Toute la matière grise du monde se trouve ici en Inde et s'expatrie à l'étranger. C'est ce qu'on appelle « la fuite des cerveaux ». Rien ne manque en Inde. Mais c'est la volonté divine que les choses se passent ainsi. Il faut qu'il y ait un endroit sur la planète où, que ça vous plaise ou non, vous devez apprendre à devenir patient, car la patience est une qualité essentielle.

L'important, c'est de ne pas avoir peur. Personne n'aime souffrir, pas même les plantes, ni même les fourmis. Poursuivez une fourmi. Approchez votre doigt d'elle. Quelle est sa réaction ? Elle se met à courir. Quelle intelligence a une fourmi ? Pas terrible. Elle sait pourtant : « Si ce géant m'écrase, cela va faire très mal. » Personne donc n'aime souffrir, pas même les fourmis.

Voilà ce que nous devons garder à l'esprit : « Je suis venu ici pour me purifier, pour me libérer de toutes ces pensées et de toutes ces émotions, pour savourer l'océan de paix et de béatitude, pour avoir un mental parfaitement calme. S'il faut donc en passer par là pour obtenir cet état que je cherche, cela vaut le coup. Je suis prêt à tout pour cela. Sinon, c'est sans espoir et je devrai continuer à me faire ballotter dans l'océan de la vie et de la mort, dans le *samsara*. Je dois traverser ces épreuves d'une façon ou d'une autre. »

Donc ne soyez pas effrayés par les petites souffrances qui vont se présenter. Ce n'est pas si dramatique puisqu'Amma est là. C'est elle qui nous permet de franchir les obstacles. C'est une mère. L'enfant trébuche et tombe, mais sa mère lui tient la main. Nous aussi, nous avons bien des problèmes et nous tombons bien souvent sur ce chemin. Cependant, si nous sommes arrivés aussi loin, nous pouvons être sûrs qu'Amma va continuer à nous guider jusqu'à la fin de la route. Nous devons y croire fermement et ne pas nous décourager. C'est de cela qu'Amma parle dans le passage que nous avons lu, avoir l'innocence qui attire la grâce. Tout d'abord, ne refusez pas la grâce. Ensuite, essayez d'entretenir cette foi innocente dans le gourou.

L'histoire des disciples sikhs

La naissance du groupe Sikh Khalsa est une merveilleuse histoire. Le grand mahatma et dernier gourou sikh, Gourou Govinda Singh cherchait à confier le bien de la communauté sikh à des hommes responsables. Voici comment il sélectionna ceux de ses disciples qui devaient lui succéder.

Le jour de la fête du printemps, des milliers de Sikhs se rassemblèrent. À la fin des festivités, le gourou apparut sur scène. Il portait une épée étincelante et semblait être devenu fou. Il avait les yeux tout brillants. Il déclara : « Mon épée a soif. Elle veut boire du sang. Qui souhaite donner sa tête en sacrifice pour moi ? » Un murmure craintif circula dans la foule. Pas une âme ne bougea. Alors Govinda Singh demanda : « Personne ne veut offrir sa tête au gourou ? » Dans la tradition sikh, le maître spirituel est considéré comme Dieu.

Finalement, un homme arriva en courant : « Gourou, ma tête t'appartient. » Le gourou l'attrapa et l'entraîna dans une tente à proximité de la fête. On entendit un bruit sourd. Quand Govinda

Singh émergea de la tente, son épée ruisselait de sang. Il remonta sur l'estrade : « Mon épée a encore soif. Je veux une autre tête. » Au bout de deux minutes, un autre volontaire se présenta à la hâte : « Gourou, demande-moi tout ce que tu veux. Je suis prêt à sacrifier ma vie pour toi. » Govinda Singh l'emmena dans la tente et il y eut de nouveau un bruit sourd. Du sang gicla à l'extérieur et coula sur le sol. Si, si, c'est une histoire vraie ! Quand il ressortit, le gourou avait l'air complètement dément. En tout cinq personnes offrirent leur vie à leur maître, chacune fut conduite dans la tente, et clac ! Un bruit sourd, et du sang. Mais après le dernier sacrifice, Govinda Singh réapparut en compagnie des cinq disciples, tous vivants ; il déclara aux quelques rares dévots stupéfaits qui avaient osé rester : « Ces cinq hommes sont mes successeurs. Ils ont su sacrifier leur vie au gourou, or c'est seulement si vous apprenez à offrir votre vie au maître spirituel, que vous pouvez échapper au cycle des naissances et des morts. » C'est donc ainsi que ces disciples devinrent les dirigeants de la communauté sikh.

Comment expliquer le bruit sourd et le sang ? Govinda Singh avait caché une chèvre dans la tente. Il l'a d'abord tuée, puis a continué à la découper. C'était le test suprême.

Vous pouvez en être sûrs et certains, j'en mets ma main au feu, Amma ne fera jamais ça ! Elle n'imposera jamais une épreuve pareille à quiconque. J'essaie seulement de vous faire passer ce message qu'il faut être prêt à tout, même à mourir, pour le gourou ; qu'il faut obéir au maître spirituel. Alors que dire des toutes petites épreuves que sont le kanji, le pliage des Matruvanis, le manque de confort dans les bus ? Cela n'est rien ! Ces disciples sikhs étaient prêts à mourir pour le gourou.

Donc, n'ayez pas peur. Efforcez-vous de garder cette innocence. Entretenir l'innocence, c'est la seule chose que nous puissions faire. Nous ne pouvons rien faire d'autre. Nous accomplissons notre *sadhana*, mais pour pouvoir traverser cette laborieuse étape de la purification, de la souffrance, nous devons être semblables à un enfant innocent. Que fait un enfant quand il souffre ? « Bhououou !» Il appelle sa mère en pleurant. C'est tout. Il ne réfléchit pas : « Voyons, je ferais peut-être mieux de faire ceci ou cela. Je vais faire comme ça et ça va sans doute marcher.» C'est ce que nous faisons presque tous. Nous essayons de trouver un moyen pour éviter les difficultés et la souffrance qui se présentent à nous. Au lieu de cela, essayez de vous adapter, d'accepter l'épreuve qui survient comme une forme de *tapas*, comme un moyen de vous purifier. Mais si vous n'y arrivez pas, ne vous faites pas de soucis, pleurez, appelez Amma à l'aide. Et cela vous mènera jusqu'au bout du chemin. C'est dans vos pleurs que se trouve la grâce qui va vous sauver. Ce qu'Amma préfère, c'est quand ses enfants poussent ce cri d'impuissance en toute innocence. Alors la grâce se met à couler à flot.

L'histoire du grand dévot Bhai Bel

À cette époque-là, les Sikhs se battaient contre les Mogols qui avaient envahi le pays. Très engagés dans la résistance à l'occupant, ils recrutaient constamment des combattants qui les aidaient dans leur lutte et qui se mettaient au service de leur mouvement.

Un jour, un fermier nommé Bhai Bel entendit parler de la tournure que prenaient les événements et il prit une décision : « Je vais aller proposer mes services au gourou car, vu les circonstances, ça ne rime plus à rien de rester fermier.» Bien que son maître spirituel fût réalisé, il se battait contre l'ennemi.

Être gourou ne signifie pas que vous ne pouvez pas être actif. En fait, vous pouvez avoir n'importe quel métier. Tout dépend de votre *prarabdha karma*. Être réalisé est un état intérieur, cela n'a rien à voir avec l'extérieur. Un gourou peut donc s'adonner à n'importe quelle activité. Le gourou Janaka Maharaj était empereur, et d'autres êtres réalisés ont été mendiants, d'autres encore *avadhutas*. Certains gourous ont été membres du gouvernement. Qui sait, de nos jours, peut-être y a-t-il des vedettes de cinéma qui sont réalisées ? N'importe qui peut réaliser Dieu car tout le monde est potentiellement Cela, le Soi.

Bhai Bel pensait : « Je vais aller me mettre au service du gourou. Si je fais cela, ma vie sera bénie. Autrement, à quoi sert-elle ? Ce n'est qu'une existence égoïste. Combien de temps encore vais-je vivre ainsi ? »

Il avait atteint l'étape de la désillusion. Il ne voulait plus d'une vie égoïste. Il voulait être une offrande à son gourou. Il est donc allé voir son maître et lui a dit :

— « Gourouji, s'il vous plaît, acceptez de me prendre à votre service.

— Sais-tu te battre avec un fusil ? Sais-tu te servir d'une arme ? lui a demandé le gourou.

— Non.

— Sais-tu monter à cheval ?

— Non plus.

— Alors, que sais-tu faire ?

— Je sais prendre soin des chevaux.

— D'accord. Tu vas prendre soin des chevaux et aider aux écuries. »

Les Sikhs avaient un grand nombre de chevaux pour se battre. L'ex-fermier prit soin d'eux pendant environ trois mois et leur santé s'améliora. Leur robe se mit à luire grâce à ses efforts sincères.

Un jour le gourou vint aux écuries, remarqua la santé éclatante des bêtes et il demanda : « Comment se fait-il qu'ils soient si resplendissants de santé ? » Les autres garçons d'écurie expliquèrent : « C'est Bhai Bel. Depuis qu'il est là, il s'occupe à merveille des chevaux. Voilà pourquoi ils ont magnifique allure. »

Alors le gourou appela Bhai Bel et l'interrogea :

— « As-tu fait des études ?

— Non Gourouji. Je ne sais même pas lire.

— Bon, je vais faire une chose, je vais t'enseigner un verset. Je t'en dirai un par jour, et tu l'apprendras par cœur, et lentement, de cette façon, tu apprendras les Écritures. »

Ainsi le maître lui citait quotidiennement un verset, et Bhai Bel le répétait jour et nuit tout en travaillant. Le lendemain, le gourou lui demandait de le lui réciter, après quoi, il recevait le verset suivant à mémoriser.

Un jour le maître arriva en grande hâte car il devait partir au combat de toute urgence. Il demanda son cheval et se mit promptement en selle. Bhai Bel se trouvait là et réclama : « Gourouji, et mon verset pour aujourd'hui ? » Le gourou répliqua : « Bhai Bel, ne vois-tu pas que ce n'est pas le moment ? Tu sais bien ce que je vais faire ! » et il partit au galop.

Alors, que fit Bhai Bel ? Toute la journée, il répéta : « Bhai Bel, ne vois-tu pas que ce n'est pas le moment ? Tu sais bien ce que je vais faire ! Bhai Bel, ne vois-tu pas que ce n'est pas le moment ? Tu sais bien ce que je vais faire ! » Il croyait que c'était son verset du jour !

Tout le monde passa la journée à rire et à se moquer de lui. Les gens de l'ashram pensaient : « Ce type est complètement idiot ! Quel imbécile ! Il est vraiment niais ! » En même temps, inconsciemment, ils se trouvaient eux-mêmes forts et intelligents.

Quand le gourou fut de retour, les disciples allèrent le trouver pour lui raconter :

— « Maharaj, quel verset avez-vous donné à Bhai Bel aujourd'hui ?

— Je ne lui en ai pas donné aujourd'hui. Je n'ai pas eu le temps.

— Depuis l'aube ce benêt répète : « Bhai Bel, ne vois-tu pas que ce n'est pas le moment ? Tu sais bien ce que je vais faire ! »

Le gourou - 2

Quand le maître entendit cela, son cœur fondit. Il déclara : « Bhai Bel n'a pas besoin d'autres instructions spirituelles. Il a la grâce du gourou. » Dès que le maître eut dit cela, le mental de Bhai Bel s'éleva et se mit à vivre dans une autre dimension, celle de la présence du gourou. À partir de ce jour-là, il fut toujours conscient de la présence subtile du maître en lui. Il vit la forme du gourou en tout. Naturellement, il se transforma profondément. Tout le monde s'en aperçut. Bhai Bel devint intériorisé et très calme. Les gens allèrent trouver le gourou pour se plaindre : « Quelle sorte de justice est-ce là ? Cela fait des années que nous vivons ici ! Nous avons tout donné au gourou, tout notre temps, toute notre vie, toute notre santé, et vous ne nous avez jamais accordé une grâce pareille. Cela ne fait que trois ou quatre mois que ce gars est arrivé ici, et il a déjà reçu la conscience divine. Il connaît déjà l'extase et la béatitude. Est-ce vraiment juste ? »

Alors le gourou ordonna ceci : « Apportez-moi un grand pot d'eau, du bois pour faire du feu et un gros morceau d'opium. » Ils pensèrent : « En voilà une requête étrange ! Faisons malgré tout ce que veut le gourou. Nous avons déjà fait tellement de choses sans que rien ne se passe, certainement, cette expérience-ci se révélera tout aussi vaine. Et de toutes façons, le gourou, ne sait pas vraiment ce qu'il dit. »

Ils rassemblèrent donc toutes ces choses et le gourou leur dit : « Bien, maintenant mettez le pot d'eau sur le feu, jetez l'opium dans l'eau et touillez. » Quand finalement, l'opium se trouva cuit ou, tout au moins, dissout, il en servit un verre à tout le monde et demanda : « Maintenant rincez-vous la bouche avec ce breuvage jusqu'à ce que votre verre soit fini. Rincez-vous la bouche et recrachez. » Ils se rincèrent tous la bouche et recrachèrent la solution d'opium.

Puis, le gourou parcourut l'assistance du regard et demanda : « Très bien. Qui parmi vous se sent intoxiqué ? » Tous se regardèrent. « Comment pourrions-nous nous sentir intoxiqués ? Nous n'avons rien avalé ! », s'exclamèrent-ils. Alors le maître leur déclara : « C'est précisément ce que je cherche à vous faire comprendre. Je vous ai accordé l'initiation. Je vous ai donné des instructions pour mener une vie spirituelle, mais vous n'avez pas cette foi innocente dans le gourou. Vous avez des doutes. Vous manquez de foi et d'amour, si bien que même si vous avez entendu mes conseils, vous n'en avez jamais ressenti ni l'ivresse, ni la paix. Vous n'avez pas davantage reçu la conscience divine que vous n'avez senti les effets de l'opium. Mais Bhai Bel a accepté chaque chose que je lui ai dite en toute innocence. Il la répétait jusqu'à ce que je lui donne l'instruction suivante. Il n'a fait preuve d'aucune impatience. Il n'a pas douté. Il n'a pas réfléchi. Il n'a pas pensé. Il s'est contenté de faire ce que je lui demandais. Et cette attitude a porté pleinement ses fruits, il a reçu la conscience divine. »

Voici donc ce que nous devons essayer de faire. Nous avons une occasion en or. Nous sommes avec Amma. Lorsque nous sommes avec elle, tâchons de mettre de côté tout ce qui nous fait perdre notre innocence, comme l'intellect et les doutes. Essayons de devenir innocents.

Qu'est ce que l'innocence ? C'est l'absence de toutes ces tendances dont nous avons parlé. Lorsque vous en êtes complètement débarrassés, vous êtes innocents. L'innocence est la nature du vrai Soi. Votre nature véritable, c'est l'innocence. Vous n'avez pas à la chercher à l'extérieur. Elle est déjà là. Il n'y a qu'à la dévoiler. Comment obtenir de l'espace ? Il suffit d'enlever tout le fourbi qui l'encombre. Comment devenir innocent ? Il suffit de retirer toutes les *vasanas*, toutes les pensées, toutes les émotions négatives et vous devenez innocent comme un nouveau-né. Alors la grâce peut rayonner en vous.

Questions-Réponses

(cassette 25)

Quelqu'un me dit qu'il n'a pas le temps de faire sa *sadhana*. L'année dernière, lors de sa venue, Amma a raconté une histoire à ce sujet. Observez attentivement votre vie, et vous constaterez que vous disposez de beaucoup de temps. Lorsque vous allez dans la salle de bain, vous ne faites rien d'autre. Quand vous prenez un bain, que vous êtes assis sur le siège des toilettes, que vous vous rendez quelque part à pied, que vous prenez le bus, que vous conduisez votre voiture, aucune de ces activités ne requiert une grande concentration. Vous pouvez répéter votre mantra pendant ce temps-là. Mais si vous récupérez du temps en diminuant un peu votre nuit de sommeil et les moments de détente du matin ou du soir pour réciter le *Lalita Sahasranama*, c'est encore mieux que de seulement répéter votre mantra. Le *Sahasranama* regroupe un grand nombre de mantras !

Il y a toujours du temps disponible pour la sadhana

Quand on cherche sérieusement à réaliser Dieu, on trouve toujours du temps pour faire sa *sadhana*. Personne n'est occupé à cent pour cent par les affaires matérielles. Personne. Toutes ces heures qu'on gaspille à papoter avec ses amis, à bavarder au téléphone, à discuter avec sa famille. On passe un temps fou à parler. On lit aussi plein de choses, des journaux, des magazines. Ensuite on regarde la télévision. On sort au restaurant ou au cinéma et on dévore un bon roman. Vous voyez bien qu'il y a plein de temps disponible pour faire la *sadhana*.

Que dit Amma à ce sujet ?

« Nous devrions consacrer au moins une heure par jour à penser à Dieu, par amour pour l'âme. »

La plupart des gens ne pensent pas du tout à Dieu, jamais, même pas une minute, même pas cinq secondes. La profondeur de leur dévotion se résume à s'exclamer parfois « Dieu sait si... », « Oh mon Dieu ! » ou « S'il plaît à Dieu... ». Et c'est tout. Voilà leur dévotion, voilà les moments où ils pensent à Dieu, et tout le reste du temps, ils ne se préoccupent que d'affaires matérielles. C'est pourquoi Amma dit que nous devons nous efforcer de penser intensément à Dieu, ne serait-ce qu'une heure, car tout cet intérêt que nous portons au monde n'est d'aucune utilité et ne portera aucun fruit au moment de la mort.

« Il n'y a que l'Atma qui puisse réellement nous apporter quelque chose. Seule la quête de l'Atma a une valeur éternelle. Il nous faut connaître « Cela » comme étant la seule béatitude authentique. Quel bonheur pouvons-nous trouver à nous faire du souci pour notre famille ? Ce qu'il faut, c'est avancer en considérant que Dieu décrète toute chose. Alors, nous ferons l'expérience de la paix. Le chagrin est causé par le désir. Il y a longtemps que nous aurions atteint la béatitude permanente si le désir était le moyen d'obtenir le bonheur véritable. »

Nous essayons tous de satisfaire une multitude de désirs. Beaucoup y arrivent, et ne sont toujours pas heureux pour autant. C'est la raison pour laquelle Amma dit que s'il suffisait de satisfaire nos désirs pour être heureux, nous le serions tous depuis belle lurette. Donc il y a quelque chose qui cloche. Notre raisonnement est faux. Même si le monde entier affirme qu'en satisfaisant nos désirs nous serons heureux, et même si nous ressentons que nous allons l'être, ce n'est pas vrai, car ce n'est pas là que se trouve la clé de notre bonheur. Nous sommes contents un moment, puis le même embarras se représente, la même ancienne agitation, le même ennui ou la même sécheresse ; le même problème refait surface.

Si la solution ne se trouve pas dans la satisfaction de nos désirs, cela ne veut pas dire qu'il n'y a aucune solution. Amma dit que le bonheur réel, c'est de connaître *l'Atma*, notre véritable nature ou de recevoir la vision de Dieu. Peu importe que les gens qui s'engagent sur cette voie soient très rares en ce monde. C'est la vérité. C'est l'expérience d'Amma.

> *« Nous gaspillons toute notre énergie à satisfaire les sens. Vivre dans le monde sensoriel ne nous procurera pas la véritable béatitude. La béatitude vient de la concentration totale sur Dieu. »*

Parfois pendant les *bhajans*, vous entrez vraiment dans le chant et le mental se focalise intensément sur la pensée de Dieu, ne serait-ce qu'un instant. Alors vous goûtez à cette béatitude, à cette concentration profonde sur le divin.

> *« Souviens-toi, Ô mental, de cette suprême vérité : personne ne t'appartient ! Parce que tu agis de façon insensée, tu erres dans l'océan de ce monde. »*

Je vais lire le reste du *bhajan* parce qu'Amma se fait un point d'honneur de le chanter presque tous les soirs quand elle se trouve en Inde. On devrait prêter attention aux paroles.

*« Même si les gens t'honorent en t'appelant : « Monsieur !
Monsieur ! », cela ne durera pas.*

*Ce corps que tu vénères depuis si longtemps, il te faudra le
quitter lorsque viendra la fin.*

*Pour quelle amoureuse t'es-tu battu jusqu'à ce jour, sans
même prendre soin de ta propre vie ?*

*Même elle sera effrayée par la vue de ton cadavre et ne
t'accompagnera pas.*

*Même si tu es prisonnier du piège subtil de Maya, n'oublie
pas le Nom sacré de la Mère Divine.*

*On ne peut recevoir la vision de Dieu ni par les Védas, ni
par le Tantra, ni par le Védanta ou les autres philosophies.*

*Plongé dans la béatitude éternelle, Dieu, dont la nature est
Vérité, demeure en tous les êtres.*

*Situation, prestige et richesse sont éphémères. La seule réalité,
c'est la Mère Universelle.*

*Comme l'aimant attire le fer, le Seigneur attire à Lui toutes
les âmes éperdues de dévotion.*

*Renonçant à tous les désirs, dansons dans cette béatitude en
chantant le Nom de Mère Kali ! »*

Nous ne pouvons pas dire que nous n'avons pas de temps pour la
sadhana. Nous sommes immergés dans l'océan des naissances et
des morts : vu la gravité de notre situation, nous devons trouver
le temps !

Amma dit :

*« Souvenez-vous de ce bhajan. Participez au satsang. Répé-
tez sans cesse votre mantra. Arrêter de parler des autres.
Nous prétendons ne pas avoir le temps de penser à Dieu et
nous trouvons bien le temps de faire des choses inutiles et
futiles. Arrêtez d'aller voir des films vulgaires et de lire des
romans. Ne passons-nous pas des heures devant la télévision*

ou à courir les magasins ? Si vous fixez votre mental sur le Seigneur, vous connaîtrez la paix. »

Voilà ce qu'Amma dit de notre manque de temps et ce qu'elle propose pour en trouver. Il faut que nous trouvions le temps. Ce temps est bien là, disponible. Ce n'est donc pas une affaire impossible.

Parer à ce qui est négatif dans le monde

Au cours de ses tournées, Amma a parlé des tendances négatives qui sont présentes sur notre planète et elle a demandé à chacun de répéter deux fois par jour : « Om lokah samastah sukhino bhavantu ».

Il existe une croyance selon laquelle, dans la création, l'équilibre entre le bien et le mal est constamment en train de changer mais il a cependant tendance à toujours pencher vers le mal et la destruction. Quand le déséquilibre devient trop important, Celui qui a créé cet univers par la pensée s'incarne sur la Terre, et avec sa formidable énergie, il met en oeuvre son plan divin pour redresser les plateaux de la balance afin que le *dharma* l'emporte, ou qu'au moins, *l'adharma* ne détruise pas tout.

Nous vivons à une époque de progrès surtout matériel. Nous sommes plus à l'aise et plus unis grâce à une meilleure communication. Pourtant la pensée s'est desséchée. Nous sommes très orgueilleux, pleins de colère. La révolution technologique a accru l'arrogance des hommes, a durci leur cœur et les a rendus insensibles. Il suffit de songer au villageois d'il y a cinquante ou cent ans. Quel cœur il avait ! Maintenant on est obnubilé par son ordinateur, sa voiture, ses gadgets techniques et son bien-être. La plupart d'entre nous manquons de cœur, et le moindre incident suffit à nous faire exploser. Si vous avez le malheur de ne pas être d'accord avec votre interlocuteur et si vous piquez légèrement son amour propre, il devient enragé. Autrefois, cela ne se passait pas ainsi. Les gens ne réagissaient pas de cette façon. Ils avaient du cœur, savaient pardonner et se montrer compatissants et compréhensifs. En tout cas, c'est l'impression que j'ai.

Même s'il semble que des progrès aient été réalisés dans certains domaines, en réalité, il n'en est rien. Aux États-Unis, tout le monde possède un fusil et on s'entretue pour un rien. Même de jeunes enfants portent sur eux une arme automatique ou un couteau. Ce n'était pas comme cela avant. Quand j'allais à l'école, le pire forfait que vous puissiez commettre, c'était de coller un chewing-gum sur la chaise de quelqu'un. De nos jours, plus aucun écolier n'y songerait, ils sont bien plus avancés !

Alors, où est le progrès ? Les gens ressemblent plus à des machines, c'est tout. Que pouvons-nous y faire ? La Mère divine le sait, et c'est pourquoi Amma est venue en ce monde, Amma qui a tellement d'énergie et qui fait le bon diagnostic: le cœur des hommes est en train de se dessécher.

C'est pour parer à cette sécheresse du cœur qu'Amma donne le *darshan*. C'est son instrument principal pour transformer les gens. Quand on passe au *darshan*, on entrevoit ce qu'est l'amour. Il ne suffit pas de parler d'un plat pour en connaître le goût, il faut le manger. De la même façon, Amma montre ce qu'est l'amour. Asseyez-vous en sa présence, et vous comprendrez ce qu'est l'amour. Non pas seulement l'amour pour une personne, mais l'amour pour tout le monde. Elle est l'exemple idéal de l'amour universel.

Elle s'occupe aussi d'une multitude de projets humanitaires. Elle a créé tant d'institutions : écoles, hôpitaux, hospices et orphelinats. Elle forme également des centaines de gens pour qu'ils puissent non seulement travailler pour ses œuvres caritatives, mais aussi donner des *satsangs*. Même si certains n'aiment pas donner de *satsangs*, ils se forcent à le faire. Nous sommes en effet si gavés de pensées matérialistes de nos jours qu'il est important d'entendre des vérités spirituelles. Elles nous transformeront peu à peu, comme l'a fait la pensée matérialiste.

Le mental est affecté par tout ce qui existe

Tout ce que nous entendons et voyons, tout ce dont nous faisons l'expérience affecte notre être psychique et conditionne notre conscience. Les sages le savaient, c'est pourquoi ils nous ont laissé tant d'injonctions et d'interdits :

« Abstenez-vous, ne serait-ce que de regarder certaines choses. » Ce n'est pas parce qu'ils étaient prudes, mais parce qu'ils comprenaient combien la conscience humaine est si facilement malléable.

Il n'y a qu'à regarder un mauvais film un soir. Il laisse en vous une profonde impression négative. Pendant vingt-quatre heures, tant que cette impression ne s'est pas estompée, vous allez vous trouver bien agités. Au contraire vous voyez ou entendez quelque chose qui vous inspire, et cela va vous suivre toute une journée ou peut-être toute une vie. Notre conscience est si influençable.

Amma dit que nous devrions donner des *satsangs*, pas forcément comme je le fais là, assis en face de vous, mais en échangeant les uns avec les autres, avec les membres de notre famille ou nos amis. Discutez de sujets spirituels. Lisez des ouvrages spirituels. Passez votre temps à entreprendre des activités spirituelles. Cela vous transformera. Qu'est-ce que le monde sinon la somme de tous les individus ? Donc si vous, vous changez, vous transformez le monde. Qu'un nombre suffisant de personnes changent, et une métamorphose visible survient également sur la planète. C'est ce qui est en train de se passer. Beaucoup de gens s'intéressent à la spiritualité de nos jours.

Amma a construit une quantité de temples qu'elle charge de sa propre énergie. Il n'y a, dit-elle, qu'un être réalisé qui puisse consacrer une idole avec sa propre force de vie. Il a la capacité de réorganiser les atomes d'un objet matériel comme une pierre pour charger celle-ci d'une force magnétique spirituelle. L'idole va conserver la vibration de la divinité et pouvoir ainsi dispenser des bienfaits, exaucer les désirs, accorder paix et concentration à ceux qui s'approchent d'elle. C'est un phénomène très subtil, tout comme Amma est un personnage très subtil. Amma ne se réduit pas à la forme physique qui se tient devant nous, elle a également une présence subtile.

Partout où elle se rend, Amma fait psalmodier les « Mille Noms ». C'est un autre moyen qu'elle utilise pour transformer le monde. Pourquoi voyage-t-elle tant autour du globe ? Ce n'est pas pour prendre des vacances. Il ne viendrait à l'idée de personne de passer ses congés de cette façon : ne prendre aucun repos, rester assise douze à quatorze heures de suite au même endroit ! Elle fait toujours cela pour la même raison : répandre la spiritualité, maintenir l'équilibre, protéger le monde et soulager la souffrance des âmes.

Dieu prend soin du monde

Nous n'avons pas à nous inquiéter de la présence de tendances négatives dans le monde. Dieu est là et il vient dans le monde pour maintenir l'équilibre. Il y a eu le Christ, il y a eu Krishna, il y a eu Bouddha, et Rama, et probablement d'autres qui ne me sont pas familiers. Un être divin s'incarne et redresse la situation. Nous pouvons bénéficier de sa présence et de tout le travail qu'il accomplit. Et mieux encore, nous pouvons prendre part à sa mission et doubler ainsi notre mérite ou notre *punyam*, comme disent les Indiens.

Quand nous ne nous poserons plus de questions, ce sera signe que le mental s'est apaisé. Nous n'aurons plus de doutes. La fin du doute témoigne de la tranquillité mentale. Or cette paix du mental ne peut s'obtenir qu'à travers la *sadhana*.

Amma donne beaucoup d'importance au *satsang*. Son *darshan* est un *satsang* en soi. *Satsang* signifie association avec « Sat », la Réalité. Non pas celle qui apparaît sous nos yeux, mais la Réalité qui est le substrat de ce que nous voyons. Très peu de gens aiment donner un *satsang*. Tout le monde apprécie d'en écouter un, mais personne ne veut en donner. Les gens ont tellement peur de parler en public qu'ils préfèreraient mourir plutôt que d'avoir à le faire. Certains même s'évanouissent quand ils se retrouvent face à l'auditoire.

Voici l'histoire d'un swami dont les *satsangs* sont très appréciés. Un jour, on l'invite, il monte sur scène et interroge l'assistance :

— « Savez-vous de quoi je vais parler ?

— Non.

— Ah bon, dans ce cas, il n'y a pas de raison que je vous parle. » Et il s'en va. Tout le monde est en état de choc. On le réinvite la semaine d'après. Et quand il demande :

— « Savez-vous de quoi je vais parler ?

— Oui ! hurle la foule.

— Ah bon, dans ce cas, ce n'est pas la peine que je vous parle. » Et il repart.

On le rappelle encore la semaine suivante en pensant avoir finalement trouvé l'astuce pour qu'il donne son satsang. Cette fois-ci en réponse à sa question : « Savez-vous de quoi je vais parler ? », la moitié du public crie : « Oui » et l'autre : « Non ».

« Dans ce cas, ceux qui savent vont l'expliquer à ceux qui n'en savent rien. » Et le swami se sauve !

Quand on rêve d'Amma, est-ce réel ?

Une question : « Quand on rêve d'Amma, est-ce réel ? Nous apparaît-elle vraiment ou est-ce une élucubration de notre imagination ? Parfois, quand je rêve d'elle, je vois aussi des gens de mon école.» La question est donc : « Est-ce que les rêves avec Amma sont réels ? »

Oui, ils le sont. En fait, la tradition dit que rêver d'un mahatma, d'un saint, d'un dieu, c'est une grâce, une bénédiction. Ce n'est pas simplement parce que vous pensez à cet être ou que vous vous trouvez en sa présence avant de dormir que vous rêvez de lui. C'est grâce à son *sankalpa*, une résolution qu'il prend, que vous recevez ce rêve. Les autres rêves ne sont que des impressions reçues pendant l'état de veille ou au cours des expériences de vies antérieures. Selon les Écritures, si vous rêvez de quelque chose que vous n'avez jamais ni vu ni entendu, et à quoi vous n'avez même jamais pensé, c'est à cause d'une expérience faite dans une vie passée.

J'ai eu une expérience intéressante à Vallickavu où je résidais depuis un an ou deux. Je suis allé au *darshan* pendant le Dévi Bhava, et comme tout le monde, je me suis trouvé dans les bras d'Amma, et alors, j'ai regardé longuement ses yeux. Pour moi, les yeux d'Amma sont les fenêtres ouvertes sur Brahman. Je vois Dieu dans ces yeux-là, une paix parfaite, l'enivrement de la béatitude et l'équanimité. C'est impossible à décrire. Personne ne peut imiter ce regard. Seul un mahatma, un être authentiquement réalisé a un tel regard, et en y plongeant, on entre naturellement dans un état méditatif.

J'ai donc levé les yeux pour contempler ceux d'Amma et elle a baissé les siens pour me regarder comme une mère regarde son enfant. Je me suis assis ensuite dans le temple pendant un petit moment et je suis parti. Comme il était très tard, environ deux ou trois heures du matin, je suis allé m'allonger dans la hutte.

À l'époque, c'était tout ce qu'il y avait comme habitation, une seule hutte. Aujourd'hui, c'est incroyable tout ce qu'il y a là-bas. On compte quatre ou cinq cents résidents qui ne pourraient certainement pas tous être logés dans des huttes ; ils habitent dans de grands bâtiments maintenant. Personne n'aurait pu imaginer qu'une chose pareille arriverait. En fait, je n'ai même jamais songé que cet endroit allait devenir un ashram, encore moins une ville.

Donc, je me suis allongé dans la hutte et comme j'étais très fatigué, je me suis endormi immédiatement. Pendant mon sommeil, j'avais l'impression d'être bien réveillé, sur les genoux d'Amma, en train de contempler ses yeux. C'était comme si je n'étais pas parti me coucher, comme si j'étais encore dans le temple, encore dans les bras d'Amma. J'étais toujours là-bas, et Amma avait les yeux baissés, plongés dans les miens.

Juste à ce moment-là, je me suis réveillé et j'ai réalisé qu'en fait, je dormais. Aussi, le lendemain matin, je suis allé raconter à Amma ce qui s'était passé : « C'était si net que je ne peux pas dire que je rêvais, et pourtant, je sais que je dormais. » Alors, elle m'a confié : « Peu de temps après que tu sortes du temple, j'ai pensé à toi et je me suis souvenue de ton *darshan*, quand tu étais sur mes genoux. À cet instant précis, ma pensée est allée vers toi et tu m'as vue en rêve. » Ainsi j'ai compris quelle puissance avait la pensée d'Amma. Voilà un exemple de rêve qui peut venir d'un mahatma. Il semble très réel, il nous procure une vive émotion, un sentiment de béatitude ou d'amour intense. Cela vient du mahatma.

Vous pouvez donc dire : « Oui, ces rêves sont réels. » Cependant, la partie du rêve où les camarades d'école apparaissent est irréelle, elle provient simplement de l'expérience quotidienne.

Réciter les Noms ou bien répéter son mantra personnel

Voici une autre question : « Quel sens cela a-t-il de réciter les 108 Noms d'Amma et les Mille Noms de la Mère Divine ? Quel bénéfice retire-t-on de cette pratique ? Est-ce considéré comme une ascèse (tapas) ? Pourquoi Amma demande-t-elle à ses enfants de psalmodier cela ? Je suis chef de famille avec un travail très prenant, et je me sens coupable de ne pas avoir le temps de faire ces pratiques. Devrais-je les adopter comme *sadhana* à la place du mantra *japa* (répétition de son mantra) ? »

Vous savez peut-être que le Centre publie un livre intitulé « Les Mille Noms de la Mère Divine », qui comporte les Noms accompagnés d'un commentaire. L'introduction a été écrite par un des *brahmacharis* de l'ashram. Il dit des choses très intéressantes et cite ce qu'Amma a pu dire à propos des « Mille Noms ». Je voudrais vous en lire juste quelques extraits :

« Amma a partagé le chagrin de millions de gens, et elle a consacré sa vie à alléger leur souffrance. Grâce à ses efforts infatigables, le *Sahasranama archana*, (c'est-à-dire la répétition des « Mille Noms »), s'est largement répandu même au sein du grand public. Les grands *Sahasranam yagnas*, les cérémonies qu'elle organise régulièrement sont la preuve qu'Amma apprécie cette pratique et souhaite la renforcer. Et le seul désir d'Amma est le bonheur du monde. »

La psalmodie à l'unisson des Mille Noms, répétée cinq fois par jour, en groupe par des milliers de personnes, est une pratique qu'Amma propage dans le monde entier et particulièrement en Inde. Si vous interrogez les gens qui ont participé à ces programmes, ils vous diront quel impact extraordinaire cela a eu sur eux. Vous y percevez réellement la présence divine.

Au sujet de l'importance, à notre époque, du culte de la Mère de l'univers et du *Lalita Sahasranama archana*, Amma explique :

« De nos jours, l'instinct maternel et les qualités du cœur se sont perdus. La mère est le symbole de l'amour, de la compassion, de la persévérance et de la patience. Les qualités féminines comme la compassion et l'amour devraient être renforcées chez les hommes, et les qualités masculines comme la constance et le courage devraient grandir chez les femmes. Un progrès rapide deviendra alors possible à la fois dans la vie spirituelle et la vie matérielle. Le culte de la Mère Divine est idéal pour renforcer ces qualités. La pratique du Lalita Sahasranama est d'une très grande valeur pour la prospérité de la famille et la paix dans le monde. Toutes les familles où l'on récite le Lalita Sahasranama auront toujours de quoi se vêtir et se nourrir. Dans les temps anciens, au moment de l'initiation à un mantra de Krishna ou de Vishnou, les gourous conseillaient également à leurs disciples de psalmodier l'archana du Lalita Sahasranama. »

Voici maintenant quelques extraits de l'introduction de l'auteur :

« Le meilleur moment pour réciter le Sahasranama est le matin juste après votre toilette. S'il vaut mieux pratiquer quotidiennement, certains jours particuliers sont recommandés pour ceux qui ne pourraient pas le faire tous les jours : le premier, le neuvième et le quatorzième jour de la nouvelle lune, le jour de la pleine lune, le vendredi, le jour de votre anniversaire et les jours d'éclipse.

Donc, si vous ne pouvez pas pratiquer tous les jours, faites-le au moins ces jours-là.

« La récitation du Sahasranama est une pratique qui renforce spécialement la dévotion et que tous peuvent accomplir, hommes et femmes, jeunes et vieux, et cela, à n'importe quel moment. »

Vous pouvez vous demander comment un enfant pourrait psalmodier les « Mille Noms ». Il y a tellement de mots. Eh bien, un jeune garçon qui vient ici depuis qu'il a six ou sept ans répète les Mille Noms de Vishnou. Il les connaît par cœur. Quand il avait sept ans, il s'est assis à côté de moi et a récité tout le texte sans même regarder le livre. Cela lui a pris quarante-cinq minutes. C'est donc possible. Les enfants peuvent le faire si leurs parents les y encouragent.

> *« Il est souhaitable de sélectionner un moment précis dans la journée pour la récitation quotidienne. Si on a manqué l'heure, il est important de maintenir l'engagement journalier en l'accomplissant le plus rapidement possible. Bien qu'il soit important de rechercher clarté et justesse en prononçant les Noms, il ne faut pas renoncer à cette pratique sous prétexte qu'on rencontre des difficultés de prononciation. Dieu comprend l'intention de notre cœur. »*

Amma nous fait remarquer qu'un père devine que son bébé l'appelle et ressent de l'amour pour son enfant, même si le bambin prononce « cha » au lieu d'« achan ». « Achan » signifie « papa » en malayalam.

> *« De la même façon, la dévotion et la concentration sont plus importantes que les rituels, les lampes et l'encens. Ce n'est pas la peine d'interrompre la pratique quotidienne parce qu'il est difficile de se procurer le matériel du rituel comme les fleurs ou la nourriture. Toutes ces choses ne sont que des supports de concentration ou des symboles d'abandon à la volonté divine. Le plus important, c'est que le cœur soit pur et le mental concentré en un seul point. C'est pourquoi Amma dit que la « manasa pouja », le culte pratiqué mentalement, est la forme de rituel la plus élevée. »*

Qu'est-ce que c'est la *manasa pouja* ? Peut-être avez-vous entendu Amma expliquer avant le Dévi Bhava, comment nous devons rendre mentalement hommage à la Mère Divine. Elle décrit la forme de la Mère, la manière de lui laver les pieds, de lui offrir des fleurs et ainsi de suite. Vous faites le rituel mentalement. Cela demande beaucoup de concentration et nombreux sont ceux qui trouvent cette pratique très difficile. C'est pourquoi le rituel extérieur est recommandé afin de développer la concentration. C'est seulement après vous être exercés avec la cérémonie extérieure que vous pouvez passer à l'étape du rituel mental, de la *manasa pouja*.

« La récitation du Sahasranama apporte beaucoup de bienfaits, mais il vaut mieux l'accomplir en ayant pour seuls objectifs d'obtenir l'amour de Dieu, jnana (la sagesse) et vairagya (le détachement). Le culte accompli sans en attendre de fruits met fin aux épreuves liées au karma, et apporte tout ce qui est souhaitable. »

Nombreux sont ceux qui effectuent *l'archana* ou font des *poujas* pour que Dieu les bénisse en exauçant leurs désirs. C'est bien. Ils trouveront satisfaction. Mais Amma recommande d'oublier vos désirs quand vous accomplissez une *pouja* ou que vous récitez *l'archana*. Faites-le pour « *chitta suddhi* », la purification mentale. Si les pensées sont pures, *bhakti, jnana* et *vairagya*, soit la dévotion, la sagesse et le détachement se manifesteront et ce sera la fin de toute souffrance. Alors vous plongerez dans l'océan de la félicité. En outre, vos autres désirs se trouveront comblés. Vous gagnerez sur les deux plans au lieu de simplement voir vos désirs satisfaits.

Il y a dans la mythologie romaine une déesse nommée Atlanta qui a reçu le don d'être la plus rapide et la plus puissante des créatures. Tout le monde souhaite l'épouser car elle est aussi très belle. Mais il est stipulé que, pour conclure le mariage, tout prétendant devra la battre à la course, ce qui semble impossible puisqu'elle passe précisément pour être la créature le plus rapide au monde. Un de ceux qui désirent l'épouser va trouver un autre dieu et lui demande :

— « Connais-tu le secret ? Peux-tu me donner des conseils ? Comment dois-je m'y prendre pour gagner la course ?

— Tu ne disposes d'aucune richesse, n'est-ce pas ?

— En effet, je suis pauvre.

— Va voir un ami fortuné et emprunte-lui de l'or. Essaie d'obtenir des lingots d'or. Puis le long du trajet de la course, tous les deux ou trois kilomètres, pose un de ces lingots. Grâce à cette méthode tu pourras remporter la victoire. »

Alors le candidat va emprunter de l'or et place les lingots à intervalles réguliers sur le côté de la route. La course commence et la déesse démarre au quart de tour, pendant que son concurrent disparaît dans un nuage de poussière. Atlanta court, mais elle aperçoit un lingot d'or sur le bas-côté et elle s'arrête pour le ramasser. Son prétendant la rattrape. Elle se rit de lui en pensant : « Pauvre petit humain si faible ! », et elle reprend sa course pour le dépasser immédiatement. Un kilomètre plus loin, il y a un autre lingot d'or. La déesse s'arrête, le récupère aussi, et se fait de nouveau doubler par celui qui veut l'épouser. Et le même incident se répète encore et encore. Finalement Atlanta transporte tellement d'or qu'elle n'arrive même plus à marcher. Son concurrent et prétendant gagne la course, la déesse, et l'or également !

Amma donne l'exemple du lait. Si vous avez du lait, vous pouvez obtenir tout ce qu'il procure : le yaourt, le beurre, le ghee et le lait. Mais si vous n'avez que du yaourt, vous ne pourrez pas avoir de lait. Si vous n'avez que du beurre, cela ne vous donnera ni lait, ni yaourt. Il n'y a qu'avec le lait, que vous pouvez avoir tout le reste.

De même, si vous recevez la grâce de Dévi, vous aurez tout le reste. Le Christ dit la même chose d'une manière différente :

« *Si vous cherchez le royaume des Cieux, tout vous sera donné de surcroît.* »

Cela a exactement la même signification. Si vous cherchez Dieu, tous vos besoins seront pris en charge. Ne vous faites pas de souci à ce sujet. Mais si vous utilisez Dieu pour obtenir ce qui est moindre, vous n'accéderez pas à Dieu de sitôt.

« *La Mère de l'univers qui déborde d'amour pour ceux qui prennent refuge en elle n'abandonnera jamais quiconque s'est élancé vers elle avec une dévotion inébranlable. Existe-t-il une chance supérieure à celle d'être l'objet de la bonté de la Mère dont le cœur est continuellement en train de fondre de compassion, et existe-t-il une plus grande aubaine que de savourer le nectar de son amour maternel comme un enfant innocent sur ses genoux ?* »

Bhisma le grand - 1

(cassette 26)

Le modèle que nous suivons détermine largement nos qualités et nos défauts

Tout le monde, sans exception, cherche instinctivement un modèle à suivre. Pour les uns, c'est une vedette du cinéma ou de la télévision, pour d'autres, une personnalité du monde politique ou scientifique, pour d'autres encore, c'est Jésus ou Amma. Tant que nous sommes enfants, notre modèle, notre Dieu c'est la plupart du temps notre maman. À nos yeux, elle ne peut rien faire de mal. Elle est notre refuge, elle est parfaite. Mais en grandissant, nous découvrons que notre modèle est comme nous, tout simplement humain, et affligé d'autant de défauts que n'importe qui.

Si nous avons de la chance, nos parents constituent pour nous de bons modèles : doux, généreux et patients par exemple. Généralement, les parents sont notre premier idéal, et s'ils sont de bons parents, nous avons plus de chance de grandir en acquérant leurs traits positifs. Et s'ils sont de piètres parents, s'ils sont fréquemment en proie à la colère, à l'impatience, à l'avarice ou à la méchanceté, nous devenons la plupart du temps comme eux. Si on vous demande : « Comment êtes-vous devenu si généreux ? »

176

ou encore « Comment faites-vous pour être toujours de bonne humeur ? », il se peut que vous répondiez : « Ma mère était comme cela. » ou « On est comme cela dans ma famille.» Bien sûr, personne ne va vous demander pourquoi vous êtes si radin !

Ainsi notre responsabilité est bien plus grande que nous ne pouvons le penser. Par exemple, les parents peuvent croire que leurs éclats de colère se limitent à un échange entre eux deux. Mais cela affecte aussi leurs enfants, et quand ceux-ci deviennent également irritables, tous leurs proches, à leur contact, attrapent le même virus : la colère. Non seulement leurs enfants deviennent coléreux, mais aussi leurs petits-enfants. Et il en va ainsi de génération en génération. Notre tempérament influence donc un nombre considérable de gens. Et nous nous influençons tous mutuellement.

La pensée est comme un tissu blanc qu'on aurait trempé dans une teinture spéciale qui changerait de couleur à chaque nouvelle situation. Tantôt il est plongé dans la colère, tantôt dans l'agitation ou la méchanceté. Selon nos fréquentations et les circonstances dans lesquelles nous nous trouvons, nous attrapons telle et telle tendance. Si nous avons de bonnes fréquentations, nous récolterons plein de qualités. Avec de mauvaises fréquentations, nous attrapons tous les défauts, à moins d'être dotés d'une grande force mentale. Les parents doivent faire attention, mais les enfants également, car ils sont eux aussi pris en exemple. Tout le monde sert d'exemple aux autres, et nous avons donc tous la responsabilité de montrer un bon exemple.

Amma utilise très souvent ce principe. Elle s'efforce d'être un exemple irréprochable, même si elle n'agit jamais par besoin personnel. Elle a vécu comme un *avadhuta* pendant des années, sans jamais se soucier du matériel. Puis un jour, elle a senti que sa raison de vivre était d'aider les gens à évoluer spirituellement, et de les ramener à Dieu. Depuis ce jour-là, elle a changé, dans le sens où son comportement extérieur est devenu un idéal à suivre.

C'est très pénible pour Amma de vivre ainsi. Nous, nous trouvons très difficile d'avoir à donner le bon exemple car nous avons un grand nombre de mauvaises habitudes, mais pour Amma, c'est dur parce que sa pensée est toujours plongée en Brahman, continuellement au-delà de la conscience du monde ordinaire. Elle a expliqué dans le passé que c'est seulement dans un esprit de sacrifice pour l'humanité qu'elle fait descendre sa pensée en ce monde de la matière et qu'elle essaie de se conformer aux règles humaines pour montrer un exemple parfait.

Amma cite fréquemment des exemples tirés de l'histoire de l'Inde ancienne. J'y réfléchissais l'autre jour et je pensais que nous pourrions aussi discuter de ces personnages dont Amma aime parler, car leur vie renferme de précieuses leçons. Des sages comme Vyasa, l'auteur du *Mahabharata* ou bien Valmiki qui a composé le *Ramayana*, ont investi une somme considérable de temps et d'énergie pour écrire leurs volumineux ouvrages, et leurs œuvres sont comme des coffres remplis de pierres précieuses, parce qu'elles fourmillent d'exemples de comportement humain édifiant conduisant à la réalisation du Soi, au bonheur éternel.

Le corps, ce n'est pas le Soi

Selon Amma et les Écritures, nous ne sommes pas simplement un corps. Le corps physique n'est que l'écorce la plus extérieure de notre être. À l'intérieur de ce corps se trouvent la force de vie, le mental constitué de pensées, d'émotions et de l'intellect, et l'Atman, le « Je » ou l'âme, le véritable Soi. C'est seulement lorsque nous nous incarnons sur Terre que nous disposons d'un corps adapté à cette planète, mais avant de nous glisser dans ce corps grossier, où étions-nous ? Nous étions attachés à une autre forme, nous existions sous une autre forme qui ne comportait pas l'élément terre et ne pouvait pas être vue physiquement.

Quand nous quitterons ce corps, où irons-nous ? Nous nous rendrons à l'endroit où nous nous trouvions avant d'être incarnés. Que ce soit avant la naissance ou après la mort, nous ne cessons jamais d'exister, selon l'affirmation d'Amma. Nous existons continuellement. L'âme est éternelle, indestructible, immortelle. Renaître dans un autre corps revient simplement à changer de vêtement.

> « *Jamais n'ai-je cessé d'exister, ni moi, ni vous, ni toi, ni ceux qui gouvernent les hommes ; Et aucun d'entre nous dans l'avenir ne cessera jamais d'exister.* »
>
> « *Tout comme ce qui s'incarne passe par les différentes étapes de ce corps, l'enfance, la jeunesse et la vieillesse, ainsi passe-t-il à travers des corps successifs. Cela ne saurait troubler l'homme sage.* »
>
> « *Tout comme l'homme jette ses vêtements usagés pour en mettre des neufs, le principe qui s'incarne rejette aussi ses corps usés pour en revêtir des neufs.* »
>
> *Bhagavad Gita, chapitre 2, versets 12, 13, 22*

Ce qui se passe dans l'autre monde affecte amplement ce qui se déroule dans ce monde-ci. Même si nous ne pouvons pas voir que l'autre monde existe, c'est de là que nous venons et vers là que nous allons. Ainsi, les événements des deux plans sont inextricablement mêlés. Les sages comme Amma témoignent de façon catégorique de cette connexion entre les deux mondes, mais nous, parce que nous ne sommes pas dotés de leur vision subtile, nous pouvons avoir l'impression qu'ils sont séparés.

Par exemple, il y a des milliers d'années, au moment de la naissance du Seigneur Krishna, beaucoup de mauvaises gens, de nombreuses âmes malveillantes de l'au-delà sont venues s'incarner sur Terre. Leur présence était ressentie par notre Mère la Terre comme un pesant fardeau. Bon, j'entends déjà glousser : « En voilà un concept du Nouvel Âge «notre Mère la Terre»!» Or, en réalité, les sages des temps anciens disaient déjà que notre planète n'était pas seulement un agglomérat de terre, de feu, d'eau et d'air, mais plutôt un être vivant.

C'est très intéressant parce que maintenant, la science moderne commence à reconnaître ce point de vue. On m'a récemment passé un livre traitant de la conscience mondiale dans lequel j'ai lu que, pour certains savants contemporains, la Terre ne peut être qu'une entité vivante. Cette phrase a éveillé toute ma curiosité et j'ai écarquillé les yeux tellement j'étais étonné. Comment ? La science moderne reconnaît que la Terre est un être vivant ? C'est ce que les sages ont perçu, il y a des milliers d'années ! Il est aussi intéressant de savoir qu'Amma a déclaré que tous les faits perçus par les sages il y a des siècles et des siècles seront confirmés un jour par les expériences objectives de la science moderne.

Pourquoi les scientifiques disent-ils que la Terre est un être vivant ? Parce qu'ils ont calculé que le pourcentage d'oxygène contenu dans l'atmosphère est précisément idéal pour le maintien de la vie. Et il en est ainsi depuis des millions d'années. Mais récemment, comme nous le savons tous, la combustion des carburants fossiles et la destruction des forêts qui produisent l'oxygène ont profondément modifié l'environnement. Nous avons tellement pollué l'atmosphère que, selon les calculs des scientifiques, elle devrait maintenant être irrespirable.

Aussi, les savants se sont-ils demandé : « Comment se fait-il que l'oxygène dans l'atmosphère n'ait pas été réduit ? Son pourcentage est resté identique. Quelle est la caractéristique principale d'un être vivant ? Pour se maintenir en vie il compense les excès. » Par exemple, ce soir il fait très froid dehors, et si vous sortez, vous allez frissonner. Pourquoi frissonnez-vous ? Parce que votre corps veut maintenir sa température normale, aux environs de 37 degrés. Que se passe-t-il quand vous vous mettez à transpirer ? Le corps essaie d'éviter une surchauffe. Les scientifiques pensent que le pourcentage d'oxygène dans l'atmosphère reste stable parce que la Terre sait comment maintenir son équilibre en dépit de tous les petits microbes comme nous qui vivent sur elle, et qui perturbent plus ou moins consciemment cet équilibre.

L'histoire de la naissance du Seigneur sous la forme de Krishna

À cette époque-là, Bhudevi, la déesse Terre n'apprécie pas la présence de tous ces humains malveillants. Elle peut supporter quelques êtres malfaisants, mais cette fois-ci il y en a vraiment beaucoup trop en même temps.

Imaginez que votre maison soit envahie de mauvaises gens. Comment vous sentiriez-vous ? Si une personne malveillante se trouve là, vous pouvez vous adapter, mais comment faire si presque toute l'assistance est composée de méchants ?

Donc, la Terre se sent mal et n'apprécie guère la présence de tous ces individus démoniaques. Elle adresse une prière à Dieu : « S'il te plaît, délivre-moi de ce fardeau. » Le Seigneur entend immédiatement sa requête et décide d'envoyer sur le plan terrestre un avatar descendu de la dimension sans forme de l'Existence omniprésente pour rectifier la situation, au moins temporairement. C'est un travail d'entretien en quelque sorte. De l'entretien, c'est tout ce que peut faire un avatar. Il n'y a pas de guérison définitive possible, pas dans la création, parce qu'elle est en perpétuel changement.

Cet avatar décide de devenir Bhagavan Sri Krishna. Exactement comme Amma vit à Amritapuri entourée d'un grand nombre de résidents, Dieu aussi, sur des plans subtils d'existence, se trouve en compagnie de nombreux dévots. Il leur dit : « Venez, descendons sur Terre et débarrassons-la de ces démons. Vous tous, venez avec moi. Il regarde tous ces êtres vertueux, ses dévots, et dirige les opérations : « Maintenant, vous allez vous incarner en tant que telle et telle personne. Certains d'entre vous devront prendre la forme d'un animal ou d'une plante. Je vais descendre moi aussi et resterai avec vous tous. »

Voilà l'histoire qui a provoqué la naissance et les actions du Seigneur Krishna.

> « Chaque fois qu'il y a décadence de la religion, Ô Bharata, et croissance de l'iniquité, je me manifeste. Pour protéger les bons, détruire les méchants, et établir fermement la religion, je prends naissance d'âge en âge. »
>
> *Bhagavad Gita, chapitre 4, versets 7 et 8*

Et c'est ce qui est arrivé. Finalement un combat formidable a éclaté entre les forces du bien et celles du mal, la guerre du Mahabharata. Les dévots du plan subtil sont devenus les Pandavas, leurs amis, leurs parents et ceux qui ont lutté à leurs côtés, tandis que tous les êtres démoniaques sont devenus les Kauravas, leur famille et leurs alliés.

Je raconte tout cela pour montrer comment le monde subtil affecte directement ce qui se passe ici-bas. Nous ne le savons pas forcément. Nous ignorons même qui nous étions avant de nous incarner dans ce corps. Mais il est évident que tous ceux qui se trouvent ici ont eu un lien avec Amma à un moment donné. C'est ce qu'Amma déclare : nous sommes tous venus d'un endroit particulier et nous la connaissions tous auparavant. Autrement, nous ne serions pas aussi tenaces dans notre relation avec elle et fidèles dans notre amour pour elle.

Les antécédents de Bhisma

Amma aime beaucoup Bhisma, grande âme contemporaine de Krishna et dévot hors pair. Avant de s'incarner sur Terre, Bhisma s'appelait Dyau et faisait partie d'un groupe de dieux appelés Vasus. Il avait huit frères. Alors qu'ils marchaient tous ensemble dans une forêt, Dyau et ses frères sont arrivés à l'ashram du merveilleux sage Vasishta.

Vasishta avait une vache magique, Nandini. Lorsque la femme de Dyau aperçut Nandini, elle fut tentée de se l'approprier car la vache était particulièrement belle, bien bâtie, avec des cornes magnifiques, un pis généreux et une grande queue qui se terminait par une touffe de poils charmante faisant penser à un bouquet de fleurs. Dyau savait que c'était mal de voler, pourtant il s'empara de Nandini avec l'aide de ses frères, pour satisfaire l'avidité de sa femme.

La vache procurait à Vasishta non seulement le lait et le beurre pour son rituel quotidien mais aussi d'autres sortes de nourriture, car elle pouvait, grâce à son pis magique, manifester toute chose, y compris une armée pour protéger son maître ! Quand Vasishta se rendit compte que Nandini n'était pas revenue à l'ashram ce soir-là, il partit à sa recherche mais ne put la trouver nulle part. Il fit alors usage de sa vision divine et découvrit qu'un Vasu l'avait volée.

Imaginez que quelqu'un aille voir Amma et lui dise : « J'ai perdu quelque chose » ou bien « Mon fils a fait une fugue et il n'est pas revenu. Où puis-je le trouver ? » Que va faire Amma ? Elle regarde en elle pendant un instant, y repère l'individu ou l'objet qui manque (parce que tout est à l'intérieur du Soi) et révèle l'endroit où le dénicher. Bien entendu, elle ne le fait pas systématiquement, mais elle a agi ainsi à plusieurs reprises. Vasishta était un être réalisé, il pouvait donc effectuer la même chose.

Sa découverte le mit très en colère. Il s'écria : « Hé Dyau, est-ce toi qui as pris ma vache divine ? Tu es un Vasu, un être supérieur à l'homme, tu aurais dû te comporter de manière exemplaire pour l'humanité. Est-il correct de ta part de voler comme un homme ordinaire ? Je vais te donner une bonne leçon. Tu naîtras en tant qu'humain dans le monde des hommes. Tu t'es trop attaché à ton épouse, aussi, dans le plan inférieur, seras-tu privé de compagne. »

Dyau eut vent de cette malédiction et, pris de frayeur, il ramena Nandini, présenta ses excuses à Vasishta et lui demanda pardon. Le sage eut pitié de lui et dit : « Ce qui est fait, est fait. Ma parole ne peut que se manifester. Mais même si tu prends naissance parmi les hommes, tu deviendras célèbre, ton nom sera connu comme celui d'un homme vertueux. »

Dyau s'incarna sur Terre en tant que fils du roi Shantanu et reçut le nom de Bhisma. Les sept frères de Dyau eurent aussi à s'incarner sur Terre mais furent autorisés à retourner au paradis immédiatement après la naissance car ils n'avaient joué qu'un rôle de complice dans le larcin.

La déesse Ganga, victime d'une malédiction

Les Vasus décidèrent de demander à la déesse Ganga de leur servir de mère terrestre. Ils savaient qu'elle allait sous peu descendre sur la Terre. Pourquoi ?

Un jour, dans le Brahmaloka, c'est-à-dire dans le paradis le plus élevé, le Seigneur Brahma faisait un discours spirituel. Dans l'assistance se trouvait Mahabhisha qui avait été un grand roi sur la Terre avant de reprendre naissance dans le Brahmaloka. Pendant le discours, Ganga, dont la beauté était ensorcelante, passa non loin de Mahabhisha, qui n'avait jamais vu un être aussi gracieux. Elle sentit son regard et se retourna pour le voir. Leurs yeux se rencontrèrent, pleins d'amour. Mahabhisha se mit à transpirer, ce qui au paradis, signifie qu'il est temps de renaître sur Terre. C'est que vous n'êtes pas censé contempler les déesses, sauf par ferveur spirituelle. Mais ce n'est pas avec dévotion que Mahabhisha avait regardé la déesse Ganga. Alors, sachant exactement ce qui se passait, Brahma déclara : « Je pense que vous n'êtes pas là où vous devriez être tous les deux. Les sentiments qui vous habitent appartiennent au plan terrestre, pas au Brahmaloka. Il est préférable que vous descendiez sur Terre pour vous marier. Ce sera mieux pour vous. »

Parfois nous sommes assis près d'Amma et tout d'un coup, elle nous regarde. Quelque pensée nous effleure l'esprit et Amma nous interroge : « Quoi ? » Ou bien quelqu'un est en train de pleurer derrière elle, et elle se retourne pour lui sourire. Son intuition est très puissante et son unité avec tout et tous est parfaite. Tel était également le cas de Brahma.

Les Vasus allèrent trouver Ganga et lui présentèrent leur requête : « Tu sais que nous devons descendre sur Terre, et comme tu dois t'y rendre aussi, tu pourrais peut-être nous aider. Nous voulons que tu sois notre mère là-bas et qu'à la naissance, tu nous jettes dans la rivière afin que nous ne soyons pas obligés de rester plus longtemps que nécessaire, disons pas plus de cinq minutes. Alors, le sort jeté par Vasishta aura pris effet, et nous pourrons revenir immédiatement ici, tout le monde sera content. » Ganga accepta leur plan.

Elle se rendit sur la Terre, et au même moment, Mahabisha y naquit en tant que roi. Il fut nommé Shantanu. Tous deux finirent par se rencontrer. Ils tombèrent amoureux l'un de l'autre et ils se marièrent. Cependant, il y eut un piège dans leur union. Shantanu dut conclure un marché avec Ganga car elle lui déclara : « Je t'épouserai à condition que tu ne remettes jamais en question aucune de mes actions. Si cela devait arriver, je m'en irai immédiatement. »

Chaque fois que Ganga accouchait, elle se levait, saisissait le nouveau-né et partait le jeter dans la rivière. Bien sûr, tous les bébés se noyaient. Et naturellement, comme n'importe quel père à sa place, Shantanu s'en trouvait bouleversé. Vous imaginez quelle épreuve c'était pour lui !

Sept nourrissons périrent de cette façon. Quand le huitième vit le jour et que Ganga l'emporta à la rivière, Shantanu suivit sa femme et se mit à crier :

— « Stop ! Assez ! Je ne vais pas avoir de successeur, ma dynastie va s'éteindre si tu continues à agir ainsi. Je veux un fils !

— Bien, tu peux garder celui-ci. Adieu, répliqua-t-elle, s'apprêtant déjà à partir.

— Qu'est-ce qui te prend ? Pourquoi agis-tu comme ça ? C'est incroyable. Je n'ai jamais vu personne faire ça ! »

Alors Ganga lui révéla toute l'histoire : « Nous nous trouvions toi, moi et les enfants dans un autre monde mais nous avons été maudits et nous avons dû prendre naissance sur Terre où nous sommes réunis maintenant. Tu ne t'en souviens pas, mais moi, oui, car je suis une déesse. Nos enfants étaient des dieux Vasus que je n'ai fait que libérer de la malédiction. Ce dernier-né est celui qui a commis une faute grave, aussi doit-il rester bien plus longtemps sur cette planète. Maintenant, je vais l'emmener avec moi sur le plan subtil pour l'élever. Mais je le ramènerai quand il sera adulte. »

L'histoire reprend trente-cinq années plus tard. Shantanu marche le long de la rivière et remarque que le courant s'est immobilisé. Comment le Gange peut-il s'arrêter de couler ? C'est un fleuve immense, pas un simple ruisselet. Le roi continue à marcher et il découvre un jeune homme qui se tient sur la berge, occupé à décocher des flèches dans l'eau. Or ce sont ses flèches qui ont la capacité de bloquer le courant. Shantanu se demande :

« Qui est-ce ? Je n'ai jamais rencontré un être humain capable d'une telle prouesse ! »

Juste à ce moment-là, la déesse Ganga apparaît et explique : « Voici ton fils. Je l'ai élevé. Son maître spirituel est Brihaspati, le gourou des dieux. Ton enfant a étudié les Védas auprès de Vasishta. Il a acquis le savoir matériel ainsi que la connaissance spirituelle. Il a appris l'art de la guerre avec Parasurama. C'est un guerrier puissant. Désormais, je te le confie. » Shantanu est très heureux maintenant, son fils est un véritable joyau. Ce jeune homme s'appelle Gangeya, ce qui signifie « le fils de Ganga ».

Quelques années plus tard, le roi Shantanu flâne à nouveau le long de la rivière et il y aperçoit une très belle jeune fille. Il vit seul depuis plus de trente-cinq ans, mais il désire encore avoir une femme. Il suit la demoiselle et l'interroge :

— « Qui êtes-vous ?

— Je suis la fille du chef des pêcheurs de cette région » répond-elle.

Le roi part aussitôt trouver le père :

— « Je souhaite épouser votre fille.

— Je serais heureux que vous l'épousiez, réplique le chef. En fait, j'attendais justement un roi qui viendrait demander sa main car son horoscope prédit qu'elle sera la femme d'un monarque. Mais il y a une condition au mariage. Le fils de ma fille devra vous succéder sur le trône. »

Très embêté, Shantanu s'exclame : « Pas question, je n'accepte pas cette condition ! » Il rentre chez lui profondément déprimé et se met à dépérir. Non pas parce qu'il pratique tapas (des austérités), mais parce qu'il ne pense plus qu'à Satyavati, la fille du pêcheur. Or il ne peut se confier à personne. Il se sent vraiment malheureux. Après tout, c'est lui le roi et tout le monde le respecte.

Gangeya est le premier à remarquer le chagrin de son père, il le questionne : « Père, pourquoi paraissez-vous si triste et comment se fait-il que vous maigrissiez à vue d'œil ? »

Shantanu prétend : « J'étais justement en train de penser que comme tu es mon seul fils, si quelque malheur t'arrivait, ce serait la fin de notre dynastie. Tu es un grand guerrier et tu pars souvent au combat. Un de ces jours, tu vas certainement te faire tuer. Alors qu'arrivera-t-il ? Je n'ai pas d'autres enfants. »

Gangeya réfléchit : « Cette réflexion est étrange de la part de mon père. Il ne s'est jamais fait ce genre de soucis auparavant. » Il va voir le Premier Ministre pour mener son enquête : « Savez-vous pourquoi Papa est si triste ? Pourquoi est-ce qu'il maigrit comme ça ? Pourquoi a-t-il l'air si déprimé ? »

Le Premier Ministre explique : « Oh oui, je suis au courant. C'est à cause de cette femme appelée Satyavati. C'est la fille d'un pêcheur et le roi voudrait l'épouser mais le père de la jeune fille met une condition à leur mariage... » Et le Premier Ministre de vendre la mèche.

Le sacrifice de Gangeya

Immédiatement Gangeya saute dans sa voiture et roule d'une traite jusqu'à la hutte du chef des pêcheurs. « Voiture » signifie « char », bien entendu. Il se présente au pêcheur et dit :

— « Mon père veut épouser votre fille. Qu'est-ce qui l'en empêche ? »

— Rien, sinon que les fils de ma fille devront accéder au trône. »

— Pas de problème, rétorque Gangeya. Je renonce à mon droit de succession. »

Comme ça ! Pourrions-nous faire une chose pareille ? Imaginez seulement que vous êtes le fils d'un monarque, et que vous allez vous-même devenir roi ou empereur, mais parce que votre papa veut se remarier avec une autre femme, vous devez renoncer à votre droit au trône. Qui accepterait cela ? Nous ne prenons même pas la peine de changer de siège pour laisser la place à nos parents : « Papa, il y a une chaise libre plus loin. Tu peux aller t'asseoir là-bas. Moi je ne bouge pas. Je vois mieux d'ici. » Dans la vie de Bhisma, on trouve bien des leçons de comportement, une grande quantité de leçons.

Ainsi Gangeya assure :

— « Pas de problème. Je ne veux pas devenir roi.

— Soit, la difficulté est réduite de cinquante pour cent.

— Que voulez-vous dire avec vos cinquante pour cent ? Qu'est-ce qu'il y a encore ?

— Je ne doute pas de vous. Je sais que vous ne deviendrez pas roi, mais que dire de vos enfants ? Ils pourraient revendiquer la succession : « Nous sommes les fils et les filles de Gangeya, nous avons droit au trône. »

—D'accord. Pas de souci. Je fais le vœu de rester célibataire pour le restant de mes jours. Je ne me marierai pas. Je renonce à toute compagnie féminine. »

En entendant cette promesse, le pêcheur est si effaré qu'il en a la chair de poule. Il s'exclame : « Marché conclu ! » Alors des fleurs tombent du ciel sur Gangeya et des voix du plan subtil retentissent : « Désormais il sera appelé Bhisma (le terrible) ! » Pourquoi « terrible » ? Parce qu'il fait un vœu terrible. Pour la plupart des gens, c'est un vœu terrible. Il décide que pour le reste de sa vie, il se privera de la compagnie d'une femme. C'est un vœu très difficile à respecter. Et ce n'est qu'un exemple parmi d'autres de la grandeur de Bhisma.

Quand nous sommes jeunes, il y a un certain nombre de choses qui nous incombent. Avec l'aide des meilleurs enseignants, Bhisma étudie très sérieusement non seulement tout ce qui concerne le monde, mais aussi tout ce qui a trait à la spiritualité. Les discours qu'il fait à la fin de sa vie témoignent de l'étendue formidable de ses connaissances. Dès l'enfance, il consacre toute son énergie et tout son temps à apprendre, à devenir un puits de science spirituelle et matérielle. Nous devrions profiter de notre jeunesse pour acquérir des bases solides en matière de *dharma* (devoir) et dans toutes les branches du savoir, ce sera d'une grande utilité pour le reste de notre vie.

Soyons généreux avec nos parents, exprimons-leur notre respect et notre amour. Pour les contenter, nous devrions être prêts à abandonner même ce que nous aimons. Lorsque Bhisma renonce au trône et décide de rester *brahmachari* à vie, qu'est-ce que cela révèle ? Son altruisme et son amour.

Bhisma est un exemple à suivre. Comment se comportent la majorité des enfants ? Comme je le disais, ils ne veulent rien sacrifier même pour faire plaisir à leurs parents. Ils ne désirent que leur propre bonheur, et que leurs parents les rendent heureux, constamment. Et si les parents ne le font pas, les enfants claquent la porte, pleurent, hurlent, ou se mettent à bouder !

Tout le monde a l'air de savoir de quoi je parle. Bhisma était au service de ses parents. Servir ne signifie pas forcément que nous devons leur apporter le dîner, leur faire à manger et ce genre de choses, mais cela veut dire chercher à leur faire plaisir, à sacrifier un peu de notre égoïsme pour les satisfaire.

Quand Bhisma retourne au palais, il est accompagné de Satyavati, et il la conduit chez son père. Submergé par l'émotion, Shantanu s'écrie : « Jamais n'a existé un tel fils, qui puisse renoncer au trône et aux plaisirs matériels. Du fond du cœur je t'accorde ma bénédiction : même si, comme tous les mortels, tu ne peux échapper à la mort, elle ne surviendra qu'au moment où tu le souhaiteras. »

Que s'est-il passé à la fin de la vie de Bhisma ? Je ne veux pas aller trop vite, mais à la fin de l'histoire, il finit par atteindre la réalisation du Soi, la libération du cycle des naissances et des morts. Cela n'arrive pas comme un coup de théâtre, ni d'un jour à l'autre, mais c'est l'aboutissement de la vie exemplaire qu'il mène, le résultat de cette base sur laquelle il fonde toute sa vie.

Le roi Shantanu épouse Satyavati, il a deux fils et meurt. Les deux enfants décèdent également dans leur jeunesse. L'un des princes se marie mais n'a pas d'enfant. Ainsi, il n'y a plus ni roi ni héritier au trône. C'est bien sûr un grave problème. La reine Satyavati fait appeler Bhisma et lui dit : « Nous n'avons plus personne pour assurer la succession à présent, tu dois donc monter sur le trône. »

La fermeté des vœux de Bhisma

« Impossible, répond Bhisma, j'ai fait la promesse de renoncer à régner. Vous connaissez l'histoire puisque c'est pour rendre votre mariage possible que j'ai prononcé ce serment. Je ne vais pas rompre mon voeu maintenant simplement parce que les circonstances ont changé.»

Je voudrais vous lire la réponse exacte, celle qu'il donne à la reine quand elle vient le trouver. Satyavati lui dit :

— « Tu dois devenir le roi.

— Non. Il repousse immédiatement cette proposition.

— D'accord, poursuit-elle. Nous allons faire une chose. Tu peux au moins avoir des enfants avec les épouses du second prince afin que la dynastie ne s'éteigne pas.

— Non, Mère ! J'ai dit que je ne deviendrais pas roi et que je renonçais à la compagnie des femmes. C'est le vœu que j'ai fait et je ne veux pas le rompre. » Il persiste dans son refus.

Imaginez-vous dans sa situation. Tous les obstacles sont balayés. Vous pouvez devenir roi en obtenant le royaume intact, avec en prime deux jeunes épouses. Qu'allez-vous dire ? « Non merci » ? La plupart d'entre nous, les yeux brillants de convoitise, ne laisseraient pas passer leur chance ! Voilà la différence entre Bhisma et nous et c'est ce qui explique qu'il atteint la réalisation à la fin de sa vie, grâce à son incroyable fermeté.

Amma cite toujours l'exemple de Bhisma, pour l'observance parfaite de ses vœux. C'est parce qu'Amma l'aime particulièrement que nous parlons de lui. Pour elle, Bhisma est un héros vivant, un idéal.

Satyavati est la belle-mère de Bhisma, mais il lui témoigne cependant un respect égal à celui qu'il montre à sa propre mère. Nous sommes censés faire preuve de ce genre de considération envers nos aînés, pour notre bien. De nos jours, nous ne nous soucions généralement pas du tout des gens plus âgés que nous. Nous pensons qu'ils ne savent rien, mais ce n'est pas vrai. Nous pouvons bénéficier de toute leur sagesse et de leur expérience en les traitant respectueusement. Car lorsque nous leur manquons de respect, que méprisons-nous en fait ? Ce sont leur savoir et leur expérience que nous jetons par la fenêtre !

Donc Bhisma parle à la reine Satyavati : « Mère, ce que vous dites est certainement conforme au *dharma*. » Il y a toujours une bonne et une mauvaise façon d'agir, de parler ou de penser. Bhisma est d'accord sur le fait que la dynastie doit continuer. « Mais vous connaissez mon vœu de chasteté et celui que j'ai prononcé pour permettre votre mariage. Je renouvelle ici mon serment, selon lequel je peux renoncer aux trois mondes, à l'empire des Cieux et à tout ce qu'il y a de plus précieux encore, mais jamais je ne renoncerai à la vérité. La terre peut abandonner son odeur, l'eau son humidité, la lumière son pouvoir de révéler les formes, le soleil peut renoncer à sa gloire, à son feu, à sa chaleur, et la lune à la fraîcheur de ses rayons, le dieu de la Justice peut sacrifier son impartialité, mais je ne peux pas trahir la vérité. » Il est si ferme dans ses vœux qu'il affirme que la nature de toute chose dans l'univers peut être echangée mais pas le serment qu'il a prononcé. « Il est plutôt têtu ! », pourrait-on dire. Oui, il est vraiment obstiné et d'ailleurs, il commet parfois des erreurs. Il n'est pas parfait. Certaines de ses erreurs sont graves, très graves. Mais ce sont ses qualités que nous devons regarder. Il arrive à tout le monde de se tromper, et nous sommes tous également dotés de qualités. Efforçons-nous donc de voir les bons côtés de chacun et assimilons-les. Dans le cas de Bhisma, c'est sa fermeté que nous devrions imiter.

Quand nous prenons une bonne résolution, il faut nous y tenir. La nature va nous tester, non par cruauté, mais pour nous donner l'occasion de développer notre force. Supposez, les enfants, que vous rentrez chez vous et que vous avez des devoirs à faire. Vous devez être capables de décider : « Je vais faire mes devoirs, quel que soit le programme à la télé et quelle que soit la personne qui va passer à la maison. » Ce genre de décision, celle de vous détourner de tout pour vous en tenir à vos devoirs est ce qu'on appelle la volonté. Voilà la qualité que nous devons développer en suivant l'exemple de Bhisma.

La volonté surhumaine des mahatmas

Regardez la vie d'Amma. Elle a pris une décision et s'y est tenue. Avant de se mettre à faire le tour du monde pour rencontrer des milliers de gens, Amma vivait comme un *avadhuta*, un être au-delà du monde physique, libre de toute règle de conduite.

Les *avadhutas* ressemblent à des fantômes, à des malades mentaux ou à des idiots car leur pensée est immergée dans la conscience divine. Pour eux, ce monde est un rêve. Ils vivent dans la béatitude.

C'était, extérieurement, le genre de vie qu'avait Amma en ce temps-là. On pouvait la voir, allongée au soleil ou sous la pluie dans la mangrove ou assise à méditer. Elle riait, dansait, pleurait. Si elle était née en Amérique, qui sait où elle aurait atterri ? Même en Inde, les gens pensaient qu'elle était folle, mais il y en avait aussi beaucoup qui devinaient : « Voilà quelqu'un qui vit en Dieu. »

Quand elle comprit que sa vie était destinée à servir le monde, que tous ceux qui l'approchaient devaient en retirer quelque bienfait matériel ou spirituel, elle s'y consacra, et cela, malgré l'énorme sacrifice que cela supposait, l'absence de confort et de sommeil, la souffrance physique, la grande fatigue et tout ce que cela comporte. Elle renonça à tout pour respecter ce vœu et persister dans sa décision. C'est une volonté semblable à la sienne que nous devons développer. Bhisma la manifeste à sa façon et Amma, à la sienne.

Faisons-le au moins pour les petites choses. Nous n'avons pas à sauver le monde comme le fait Amma, mais nous pouvons tenter de nous sauver nous-mêmes. Essayons de développer une bonne habitude et prenons la décision de nous y tenir, même s'il s'agit simplement de bien faire nos devoirs : « Quand je m'assieds pour faire mes devoirs, je vais les faire pour de bon et je ne me laisserais pas distraire quoi qu'il arrive. » Voilà le réel pouvoir de la volonté, et c'est de cela dont nous parlons.

Puis Bhisma s'adresse en ces termes à Satyavati : « Réfléchissons, Mère. Ne prenons pas en ce domaine de décision hâtive. Il ne s'agit pas simplement de vous obéir car il se pourrait que vous ayez tort. Vous pouvez avoir raison d'un côté et tort d'un autre. » Ils se mettent à en discuter et elle concède : « Oui, mon fils, ce que tu dis est juste. »

Ils convoquent alors les érudits et les aînés pour chercher dans les textes sacrés s'il y a eu dans le passé des circonstances analogues, et quels ont été les conseils des sages de l'époque. Après réflexion, l'assemblée propose qu'un brahmane devienne le père des futurs enfants de la dynastie, et déclare donc que Bhisma ne doit pas faire ce que Satyavati lui suggère.

On croit toujours qu'il faut agir immédiatement. Beaucoup d'entre nous sommes impulsifs et impatients. Si vous vous reconnaissez dans cette catégorie, souvenez-vous de la situation de Bhisma. La solution de facilité serait de suivre le sens du courant, mais il ne veut faire que ce qui est juste, alors il donne un coup de frein, s'arrête et se remet ensuite à avancer tout doucement.

La plupart des difficultés qui surgissent dans notre vie personnelle et dans le monde sont dues au manque de patience. C'est surtout parce que nous sommes impulsifs qu'il nous arrive des problèmes et nous avons alors à en payer le prix. Commençons par nous arrêter, puis procédons lentement.

Satyavati demande à Vyasa d'engendrer les princes de la dynastie. Il accepte et trois enfants naissent. L'un d'eux, Vidura, ne peut accéder au trône car il a été conçu par une servante à cause de la ruse imaginée par l'une des belles filles qui ne veut pas d'intimité avec le célèbre sage. Des deux autres enfants, l'aîné, Dhritarashtra, est aveugle de naissance. Un aveugle ne peut pas être roi parce que tout le monde doit prendre soin de lui alors que c'est lui qui est censé prendre soin du royaume. Ainsi, c'est le second fils, Pandu, qui est couronné roi. Dhritarashtra et Pandu ont à leur tour des enfants qui finiront par se déclarer la guerre pour le trône.

La querelle entre les Pandavas et les Kauravas

Les Pandavas, les fils de Pandu, « les bons », sont les véritables héritiers du royaume, menés par leur frère aîné, Yudhisthira. Les Kauravas, les enfants de Dhritarashtra, qui n'ont aucun droit au trône, deviennent extrêmement jaloux et suivent Duryodhana, leur frère aîné, « le méchant » de l'histoire. Duryodhana et ses propres frères décident de se débarrasser de Yudhisthira et de leurs cousins Pandavas afin d'usurper le trône.

Cette lutte commence dès leur enfance et se poursuit jusqu'à leur mort. Duryodhana et ses frères agissent sans cesse dans l'iniquité. Les Pandavas font continuellement preuve de patience et supportent tout. Ils représentent les forces du bien tandis que les Kauravas symbolisent celles du mal. Bhisma est considéré comme l'ancien de tout le clan. Cette vendetta familiale finit par prendre les proportions d'une très grande guerre dans laquelle s'engagent des millions de personnes en s'alliant soit aux Pandavas, soit aux Kauravas.

L'impartialité des grands hommes

Pendant le déroulement du conflit, Bhisma doit rester neutre. Dhristarashtra favorise continuellement son fils Duryodhana tout en sachant que ce n'est pas juste. Au contraire, Bhisma se montre impartial vis-à-vis des deux camps, bien qu'il sache qui a raison et qui a tort. Même s'il aime les Pandavas parce qu'ils représentent les « bons », il ne les favorise pas pour autant. Il montre un intérêt et un amour équivalents à Duryodhana et à ses frères qui sont les « méchants » de l'histoire. Bhisma est un peu comme Amma, une sorte de mini Amma. Il n'a pas encore réalisé Dieu à ce moment-là, mais il est tout de même capable de maintenir une vision équanime vis-à-vis de tous ces gens. Parce qu'il a fait vœu de défendre le royaume, c'est son devoir d'assurer la protection de Duryodhana et de ses frères qui ont usurpé le trône après que leur père aveugle a succédé au roi Pandu à la mort de ce dernier. Nous devrions acquérir cette intégrité. Ce n'est pas parce que quelqu'un appartient à notre famille ou fait partie de nos amis que nous devons faire preuve de partialité à son égard. Efforçons-nous d'avoir la même attitude envers tous. Comme des parents qui aiment également tous leurs enfants, essayons de cultiver cette équanimité dans toutes nos relations. Commençons avec la famille, puis progressivement étendons nos efforts à nos amis et ensuite à tous les êtres que nous rencontrons ou connaissons, jusqu'à ce que nous devenions pareils à Amma. Toutes les personnes qui se présentent à Amma sont égales à ses yeux. Être semblable à Amma, voilà quel est le but de toutes ces leçons tirées des Écritures.

Comme Bhisma qui doit se battre dans le « mauvais » camp parce que son devoir l'y contraint, nous devons faire ce que nous avons à faire. Il nous faut accomplir notre devoir même si c'est désagréable ou douloureux. Il y a bien des tâches qui nous incombent. Votre mère peut vous demander de laver la vaisselle quand vous avez envie de regarder la télé ou de sortir jouer. Aussi simple que ça. Et bien, c'est votre devoir. Mais vous vous écriez : « Non ! Je vais regarder la télé. Tu peux faire la vaisselle toi-même. » Vous ne pouvez pas prétendre qu'en vous conduisant ainsi vous suivez votre *dharma*, n'est-ce pas ?

Est-ce que Bhisma agirait ainsi ? Est-ce qu'il dirait : « Non, je vais rejoindre l'autre camp. Je n'aime pas ces gens-là. » ? Non, cela ne colle pas avec son tempérament. Il s'agit de cultiver un caractère noble. Alors, faites votre devoir, que cela vous plaise ou non, que ce soit agréable ou douloureux, et cela sans vous attacher aux résultats. C'est très important. Bhisma sait qu'il va perdre la guerre parce que ce sont les autres qui sont justes et que le Seigneur Krishna se trouve de leur côté. Ceux qui sont cruels peuvent gagner dans un premier temps, mais à la longue, ils finissent par perdre.

Bhisma est un grand dévot. Pourquoi mène-t-il une vie si conforme au *dharma* ? Parce qu'il aime Dieu. Il essaie d'attirer la grâce de Krishna. Il sait que la victoire ira là où se trouve Dieu, là où se tient Krishna.

« Où que se trouve Krishna, le maître de yoga, où que se tienne Arjuna, l'archer, là s'établiront la bonne fortune, la victoire et la prospérité, et aussi l'immuable Loi de la justice, je l'affirme. »

Bhagavad Gita, chapitre 18, verset 78.

D'un point de vue superficiel, on peut penser que Bhisma n'a pas de chance d'avoir à se battre contre son Seigneur. Mais quelle fermeté, quel détachement et quelle impartialité il montre ! C'est surhumain ! Pour lui, le *dharma* prime tout. Il ne se demande pas s'il a envie ou non d'accomplir son dharma, ni si son dharma est agréable ou non, mais il veut savoir en quoi il consiste. Quel noble personnage !

Bhisma est un guerrier très puissant. Il tue dix mille soldats par jour avec son arc et ses flèches. Tuer n'est pas une bien grande action, mais pour un guerrier de cette époque, la capacité d'anéantir dix mille ennemis avec un arc et des flèches relève de l'exploit. N'allez pas sortir maintenant pour essayer de suivre l'exemple de Bhisma dans ce domaine ! Car d'où lui venait sa force ? De ses vœux, de sa fermeté.

Ainsi, dans les dix premiers jours, sur le champ de bataille des centaines de milliers de gens sont tués dans le camp des « bons », celui des Pandavas. Ceux-ci se font du souci : « Qu'allons-nous faire contre Bhisma ? Il vaut un canon à lui tout seul. Impossible de l'approcher. C'est un soleil flamboyant qui brûle tout. Plusieurs semaines de ce carnage, et notre armée sera décimée. » Alors, que décident-ils ?

Les combats de cette époque suivent les règles du *dharma*. Après la bataille qui se déroule pendant la journée, les membres des deux camps peuvent se rencontrer comme des amis s'ils le souhaitent. Cela peut nous paraître très étrange, mais durant cette guerre du Mahabharata, quand ils se battent, ils se battent, et quand le combat est suspendu, les ennemis peuvent redevenir amis.

Les Pandavas demandent à Bhisma de révéler son secret

Les cinq Pandavas se rendent donc ensemble dans le camp des Kauravas, à la nuit tombée, ils entrent dans la tente de Bhisma et lui demandent :

— « Grand-père, s'il te plaît, accorde-nous ta bénédiction.

— Ma bénédiction est constamment avec vous.

— Pourrais-tu nous aider ? Révèle-nous un secret.

— Tout ce que vous voudrez.

— Comment faire pour te tuer ? »

Quelle question terrible ! Et quelle est sa réponse ? Sans sourciller, il réplique : « Il y a un moyen et je vais vous le révéler. » Pourquoi Bhisma répond-il à leur question ? Parce que les Pandavas sont dans le camp de la justice. Il ne peut pas se battre de leur côté, mais il peut quand même les aider. « Il y a dans votre camp un guerrier qui se nomme Sikhandin. S'il se tient en face de moi, je ne me défendrai pas. Dans sa vie précédente, il avait un lien avec moi. Je sais qui il était, et c'est pourquoi je ne le tuerai pas dans cette vie-ci. Placez-le devant moi, je ne lutterai pas. Alors, vous pourrez m'enlever la vie, car je ne chercherai pas à me protéger. Qu'Arjuna me tue à ce moment-là ! J'aimerais mourir de ses mains parce qu'il est le plus grand des guerriers et un ami proche de mon Seigneur Krishna. »

Là-dessus, les Pandavas se prosternent devant Bhisma, ils le remercient et s'en vont. Le lendemain, au cours de la bataille, ils amènent Sikhandin en face de Bhisma et Arjuna tente de le tuer. Il le transperce de flèches, mais en vain, car Bhisma ne peut pas être tué. Si vous vous en souvenez, Bhisma ne peut mourir que lorsque lui-même le décidera. Alors il tombe de son chariot et reste là, allongé sur un lit de flèches. Ce n'est pas un lit fait de flèches empilées à plat sur le sol. Non ! Ces flèches lui traversent le corps, et lorsqu'il tombe de son chariot, elles se plantent dans la terre et il se retrouve suspendu au-dessus du sol, la chair percée de part en part.

Voilà un être doué d'une volonté formidable et d'une fermeté extraordinaire qui a depuis sa jeunesse mené une vie conforme au *dharma*. Il est même capable de renoncer à son corps. Il n'est pas même attaché à ce qui nous est généralement le plus cher, à ce que nous appelons « moi », ce à quoi nous essayons toute notre vie d'apporter du bien-être et ce pour quoi nous nous faisons tant de soucis. Bhisma est capable de l'abandonner volontairement. Quelle leçon pouvons-nous en tirer ? Celle du détachement de la forme physique, qui ne se réduit pas à répéter la formule du Védanta : « Je ne suis pas le corps, je suis Brahman, je suis l'âme. » Non ! Il ne suffit pas d'en parler, il faut le vivre. C'est ce que fait Bhisma.

La guerre dure dix-huit jours en tout. Finalement les Pandavas sont victorieux, après avoir tué tous les Kauravas. Dans leur camp, pratiquement tout le monde a péri, à part deux ou trois personnes. Et jusqu'à la fin de la guerre, Bhisma reste allongé sur son lit de flèches sans mourir.

La dévotion parfaitement concentrée de Bhisma

Le lendemain de la fin de la guerre, Krishna médite, assis, dans la capitale des Pandavas, Hastinapura, située à quelques kilomètres du champ de bataille de Kurukshetra. Yudisthira s'approche de lui et s'étonne : « Voilà qui est surprenant, Krishna. Pourquoi médites-tu à cette heure-ci ? Ce n'est pas ton heure de méditation habituelle. »

Krishna ouvre les yeux et explique : « Bhisma est entièrement absorbé, en train de visualiser ma forme, alors ma pensée s'en est allée vers lui. »

Combien de fois Amma a-t-elle affirmé la même chose ? Elle dit : « Si vous pensez intensément à moi, je viens mentalement jusqu'à vous. J'irai vous voir, je me manifesterai là où vous vous trouvez, je répondrai à l'intensité de votre prière. » Au moment de son incarnation, Krishna doit avoir des milliers de dévots, mais il ne va pas tous les voir. Il ne reste pas à méditer jour et nuit. Et Amma non plus. Pourquoi ? Parce que nous ne mettons pas autant d'intensité à invoquer sa grâce ou à attirer son attention. Mais dans sa dévotion pour Krishna, Bhisma se concentre intensément et exclusivement sur lui. La pensée de Krishna est alors irrésistiblement attirée vers lui. Nous devons développer ce type de dévotion. Quand nous pleurons pour Dieu ou lorsque nous prions Amma, nous devons le faire à la manière de Bhisma, avec cette concentration sans faille.